LE GRAVEUR EN TAILLE DOUCE

OU

CATALOGUES RAISONNÉS DES ESTAMPES

DUES AUX

GRAVEURS LES PLUS CÉLÈBRES.

PAR M. CHARLES LE BLANC
DE LA BIBLIOTHÈQUE ROYALE DE PARIS.

I.

JEAN GEORGES WILLE.

LEIPSIC,
RUDOLPHE WEIGEL.
1847.

CATALOGUE DE L'ŒUVRE

DE

JEAN GEORGES WILLE

GRAVEUR,

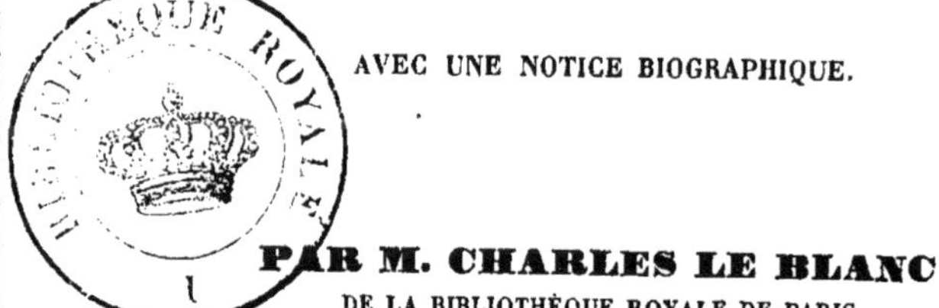

AVEC UNE NOTICE BIOGRAPHIQUE.

PAR M. CHARLES LE BLANC
DE LA BIBLIOTHÈQUE ROYALE DE PARIS.

LEIPSIC,
RUDOLPHE WEIGEL.
1847.

Imprimerie de Breitkopf et Härtel à Leipsic.

À MONSIEUR DUCHESNE AINÉ

CONSERVATEUR DU CABINET DES ESTAMPES DE
LA BIBLIOTHÈQUE ROYALE DE PARIS.

Monsieur,

C'est à vous que je dois les notions que je possède sur les Beaux-Arts, et particulièrement sur la science des Estampes, dont vous avez une connaissance si approfondie.

Permettez moi de vous dédier ce premier essai, comme une faible marque de ma reconnaissance. Il acquerra une plus haute valeur, en se trouvant placé sous la protection de l'auteur de *l'Essai sur les Nielles.*

Je suis,

Monsieur,

Janvier 1847.

Votre tout dévoué Serviteur,

CHARLES LE BLANC.

AVERTISSEMENT.

L'Histoire de l'art de la gravure, malgré les ouvrages qui ont paru sur cette matière, est encore très incomplète. Presque tous les dictionnaires d'Artistes, comme ceux de Fuessli, Basan, Huber et Rost, Joubert, Heller, Nagler etc., ne décrivent que les pièces les plus importantes de chaque maître: quant à Bartsch et à M. Robert Dumesnil, qui se sont appliqués à donner des catalogues complets, leurs ouvrages sont exclusivement consacrés aux Peintres-Graveurs.

Par suite de ces considérations, ce serait un travail éminemment utile que de détailler, l'un après l'autre, tous les oeuvres des graveurs qui sont peu connus comme dessinateurs ou qui n'ont même possédé aucune notion de la peinture ni du dessin.

Tel est le travail que nous entreprenons aujourd'hui; et si nous avons le bonheur de voir cet essai accepté des connaisseurs, nous continuerons par les Artistes les plus célèbres dans l'art de la Gravure, quel que soit le pays qui les ait vu naitre, quelle que soit l'école dans laquelle on puisse les ranger.

Nous joindrons à la description de chaque oeuvre des tables méthodiques, pour faciliter aux Amateurs toutes les recherches auxquelles ils voudraient se livrer. Sans entrer dans des détails superflus, nous décrirons chaque pièce, de manière à ce qu'elle soit reconnue au premier abord. Nous lui donnerons un numéro et un titre qui puisse lui servir de dénomination, en suivant, pour notre classement, l'ordre méthodique adopté généralement aujourd'hui. Cet ordre se résume ainsi:

Ancien Testament, Nouveau Testament, Sujets historiques, Sujets mythologiques, Sujets de fantaisie, Costumes, Paysages, Portraits, Etudes.

La droite et *la gauche* signifient, comme dans presque tous les ouvrages descriptifs, la droite et la gauche de la personne qui regarde l'estampe. Quand nous écrivons simplement *dans la marge*, ces mots veulent dire: *dans la marge inférieure.*

L'orthographe des noms des Auteurs et des Editeurs, ainsi que celle des adresses et des inscriptions, sera scrupuleusement suivie, et nous ferons usage de planches auxiliaires, quand la description écrite d'une estampe sera insuffisante, ou quand il sera utile de donner le *Fac simile* de l'écriture d'un Artiste.

Pour indiquer la dimension, nous nous servirons du mètre; cette mesure, d'un usage général aujourd'hui, offre, par ses subdivisions, beaucoup plus de ressource et de facilité que le pied de roi. Quant au point de départ de cette dimension, et à son point d'arrêt, le trait d'encadrement les fixera: s'il n'en existe point, ce sera le bord même de la planche.

Nous ne ferons une description détaillée que des pièces ou des différences que nous aurons vues de nos propres yeux, en citant, scrupuleusement, pour celles que nous n'aurons pas pu vérifier, les sources où nous aurons puisé leur indication.

Enfin, lorsque nous serons dans le doute sur l'existence ou la dimension d'une estampe, ce doute sera exprimé par le point d'interrogation.

JEAN GEORGES WILLE.

Jean-Georges Wille naquit en 1717 à Königsberg *), ville située entre Giessen et Wetzlar, dans la Hesse. Son goût pour le dessin se manifesta de bonne heure. On assure même que dans l'âge le plus tendre, lorsqu'il pleurait, le seul moyen d'appaiser son chagrin était de lui donner du charbon ou des morceaux de craie, dont ses petites mains s'essayaient déjà à faire usage.

Cette inclination fut remarquée et encouragée par son père qui, lorsque l'enfant eut atteint l'âge de dix ans, le plaça chez un peintre. Il y apprenait les éléments du dessin; mais un penchant irrésistible pour l'art de la gravure vint tout à coup se révéler en lui **. Ses premiers essais se firent sur la vaisselle de son père; tout ce qui la composait, vases d'étain ou de cuivre, se décorant, sous ses doigts, de fleurs, de fruits et de caprices variés à l'infini.

---

* Heinecke et Huber (Notices gen. des Graveurs) disent qu'il est né à Grossenlinden près de Giessen, en 1715. Note du libraire-éditeur R. W.

** Wille abandonna aussi la peinture à cause de sa vue courte, („da ich wegen meines kurzen Gesichts die Malerei verliess") comme il le dit lui-même dans une des lettres autographes, placées dans notre Collection. Note du libraire-éditeur Rudolph Weigel.

La vocation de Wille s'était fait connaître; il ne lui manquait plus, pour se produire, que l'occasion. Un jour, en traversant les rues de Giessen, ses yeux s'arrêtèrent sur l'étalage d'un armurier qui avait placé, derrière les carreaux de sa boutique, des fusils couverts d'incrustations et d'ornements gravés; il n'en fallut pas davantage: plein d'enthousiasme pour l'art qu'il avait deviné, Wille rentra en courant chez son père, et ne fut heureux qu'après avoir obtenu de lui la permission d'entrer comme élève chez cet arquebusier. Son séjour dans l'atelier de ce nouveau maître dura deux ans. Il quitta ensuite Giessen, en disant à son père qu'il allait à Augsbourg, et se rendit à Paris. Ce fut pendant le cours de ce voyage, à Strasbourg, que Wille fit connaissance de Jean Georges Schmidt, comme lui, venant à Paris. Les deux artistes se trouvaient placés dans des circonstances analogues, et rêvaient le même avenir. Aussi furent ils, à dater de ce moment, liés d'une amitié qui ne se refroidit jamais, et que la jalousie même ne sut pas altérer.

Arrivé à Paris, presque seul, sans protecteur, les commencements de Wille furent difficiles, comme ceux de tout homme de talent qui débute sans appui. Il se vit obligé de s'occuper d'horlogerie et de graver, pour l'éditeur Odieuvre, des portraits qui ne lui étaient payés qu'un louis, malgré le mérite d'exécution et la finesse de burin qui les distinguent. Cependant, ayant été présenté au Peintre Rigaud qui sut reconnaître le mérite du jeune artiste et le chargea de travaux capables de le faire connaître, sa réputation se répandit promptement et bientôt Wille ne put suffire aux demandes, quoiqu'il s'occupât sans relâche de son art. On ne compte pas moins de trente portraits dus à son burin, depuis son arrivée à Paris, en 1738, jusqu'en l'année 1754. Mais, à dater de cette époque, s'il faut en excepter deux ou trois pièces, tous les sujets qu'il a gravés sont des sujets de genre, la plupart d'après des tableaux hollandois. La série de ces beaux travaux se prolongea jusqu'en 1790. Pendant cette longue carrière, tous les pays de l'Europe se plurent à rendre justice aux talents de Wille: il fut successivement nommé Membre de l'Académie de Paris, de celles de Rouen, d'Augsbourg, de Vienne, de Berlin et de Dresde; il fut nommé aussi graveur du Roi de France, de l'Empereur d'Allemagne, et du Roi de Danemarck *. Sa mort eut lieu en 1807; il était âgé de quatre-vingt-dix ans.

Le burin de Wille est correct, hardi et brillant. Aucun graveur n'a su, mieux que lui, donner à chaque objet son caractère propre, faire comprendre la différence des étoffes, rendre leurs plis, et surtout éclairer les reflets chatoyants du satin. Il était habile dessinateur, et amateur enthousiaste des beaux arts**. Ce goût, joint à beaucoup de tact, fait qu'il a mis dans toutes ses estampes un sentiment et un coloris extraordinaires. Cependant on pourrait dire qu'elles manquent de variété dans les travaux, et que le maniement de l'outil y est trop uniforme. C'est même

---

* Plusieurs Souverains lui adressaient des jeunes gens pour qu'il les instruisit. Wille avait établi chez lui une imprimerie et un commerce d'estampes. Note du libraire-éditeur R. W.

** *J'ai donné plus de cinq mille livres,* dit, dans une de ces lettres, notre célèbre Graveur, qui semblait vouloir enlever la palme à son prédécesseur Corneille Visscher, *pour deux petits tableaux, qui me plaisent tant que je ne les donnerais pas pour le double,* („Ich habe letzhin über fünftausend Livers vor zwey kleine Gemälde gegeben, welche mir aber so gefallen dass ich sie nicht um das Doppelte geben wolte, ob man mich gleich darum flehete").
Note du libraire-éditeur R. W.

une remarque qui rend plus difficile à comprendre le piquant de ses productions et la couleur vigoureuse qu'il a presque toujours su leur prêter. Les plus remarquables sont *la Mort de Cléopâtre*, *les Musiciens ambulans*, *l'Instruction paternelle*, le portrait du *Comte de St Florentin*, et celui de *Marigny*.

Notre Catalogue contient cent soixante quinze pièces, et nous avons lieu de croire que l'oeuvre complet de Wille excède de très peu ce nombre. Presque toutes ces pièces sont datéer et portent dans la marge supérieure les numéros d'ordre de la planche, de sorte que, si l'on suit ces numéros pour classer son oeuvre, les estampes de Wille se trouvent rangées suivant leur publication. On assure que Wille a tiré des épreuves sur papier de chine de quelques unes de ses planches: ces épreuves doivent être excessivement rares, car nous n'en avons pas rencontré. Quant aux épreuves ordinaires avant la lettre, elles sont toutes généralement rares. Il est bon de faire observer, en passant, que des épreuves avec la lettre ont été tirées avec des *cache* pour tromper les amateurs.

Nous avons trouvé dans différents ouvrages, l'indication des pièces suivantes attribuées à Wille; mais cette indication était si insuffisante que, dans le doute, nous n'avons pas osé les insérer dans notre catalogue:

1°. L'Arbre de Cracovie, petite pièce en travers. Sans nom d'artiste *.

2°. Un aveugle jouant de la vielle, estampe marquée *J. G. W.* en caractères retournés.

---

* C'est peut-être l'arbre de Cracovie du Palais Royal, par Messager. Note du libraire-éditeur R. W.

3°. Un enfant qui pêche au pied d'une masse de rochers in-8°. sans nom d'artiste.

4°. Etudes de têtes de vieillards, estampe en hauteur, marquée *Wille sc.*

5°. Cartouche pour la bibliothèque de M. de Poilly.

6°. Enseigne de Joly père, un des douze marchands de vin du Roi *.

7°. Frédéric Guillaume I. in-4°.

8° Frédéric III, Roi de Prusse. C'est peut-être le même portrait qui porte le nom de Schmidt de Berlin.

9°. Marc Peterman de Vestenville.

Un petit homme, dont la tête est d'une grosseur remarquable, tient un bâton d'une main et avance, de l'autre, son chapeau pour obtenir la charité des passants.

Estampe à l'eau-forte, en hauteur. *Wille del. et sc. Paris.* 1752. Très-rare. (Catalogue Paignon-Dijonval.)

Malgré le témoignage du Catalogue Paignon-Dijonval, nous croyons cette pièce de Rode d'après un dessin de Wille, plutôt que de Wille lui-même **.

Voici la note qu'on lit, au sujet de cette pièce, dans le catalogue Winckler:

Ce fut dans un moment de gaieté que Wille, Rode et Preisler s'amusèrent de cette facétie. Selon une assez ample description allemande, imprimée au haut de la feuille, on trouva cet homme aux

---

* Adresse du marchand de vin M. Joly père, enfermée dans un berceau de vignes et de grappes de raisins; dans le haut une main avec la balance et ces mots : Au juste marchand rue de Monceau etc. Will. fec. gr. à l'eau forte in 4. (Catalogue d'Einsiedel). Note du libraire-éditeur R. W.

** Il est presque certain que cette pièce est de Jean Henri Rode (frère de Chrétien Bernard Rode) lequel etait écolier de Wille à Paris. On lit sur le bâton du pauvre : W. del. R. sculp. aqua forti Paris 1752. Note de R. W.

environs de Paris, à l'entrée d'une carrière, changé en pierre et dans la même attitude qu'il avoit eue de son vivant. On jugea, d'après la mousse qui lui étoit venue sur le corps, qu'il y avoit deux ans qu'il se trouvoit dans cet état de pétrification. Le bruit courut à Paris que l'Envoyé de Tripoli vouloit se le procurer pour en orner le palais du Dey son Seigneur et maître.*)

Comme élève de Daullé, avec lequel il conserva toujours des relations, Wille a gravé, de 1738 jusque vers 1750, une grande partie des pièces dont l'éxécution était confiée à son maître. Celui-ci terminait les chairs et se contentait même quelquefois de signer la planche. Mais il serait bien difficile de préciser les estampes que Wille a gravées tout entières et celles auxquelles il n'a fait que

---

*) On trouve encore mentionnées les pièces suivantes:

1° Petit Portrait de Louis XV. profil en ovale, pour une Généalogie. Pièce anonyme d'après J. B. Le Moine. Cité dans le Manuscrit du Dictionnaire des Artistes par Heinecke conservé dans la Bibl. Roy. de Dresde; un exemplaire se trouvait dans la collection de la comtesse d'Einsiedel. Note du libraire-éditeur R. W.

2° Portrait d'un Anonyme en buste; à ce qu'on dit un Médecin, en manteau et en perruque, tourné vers la gauche, gravé environ vers 1740. Ovale in 8. avant la lettre. Très-rare. (Catalogue d'Einsiedel.)

3° Deux Paysages sur une planche, dessinés et gravés à l'eau forte par J. G. Wille dans sa jeunesse. Petit in-fol. (Cat. d'Einsiedel) Le Catalogue Kreuchauff fait observer qu'ils sont probablement de Wille, l'exemplaire qu'il cite étant signé par Wille lui-même, avec cette note d'envoi: *Pour Monsieur Kreuchauf de la part de son ami Wille.* Ce sont des pièces détachées de la planche, gravée au burin par G. F. Schmidt, J. H. Rode et J. G. Wille, dont quelques piéces sont d'après Sadeler et Mellan. La planche entière, petit in folo., contient neuf Sujets. On en rencontre, quoique assez rarement, des moreaux détachées que les Artistes semblent avoir envoyes à leurs Amis en Allemagne. Les épreuves de la planche entière sont extrémement rares. Notes du libraire-éditeur R. W.

participer; car le burin du maître et celui de l'élève ont une grande similitude, quoique la taille, dans les productions de Wille, soit toujours plus nette, plus brillante et si l'on peut s'exprimer ainsi, plus métallique. Notre intention n'est donc pas de nous jeter, à ce sujet, dans des conjectures hazardées; nous nous contenterons d'avoir indiqué ce fait et d'appeler l'attention sur les portraits suivants qui nous paraissent dûs, entr'autres, au burin de Wille*.

Charles de Baschi, Marquis d'Aubaïs.
Charles Alexandre de Lorraine.
Charles Edouard, fils ainé de Jacques Stuart, 1744.
Louis, Dauphin de France.
Hyacinthe Rigaud, peintre.
Marguerite de Valois, Comtesse de Caylus.
Les trois premiers in-4°; les autres in-fol°**).

Avant de terminer cette courte biographie, n'oublions pas de mentionner que Wille a formé plusieurs élèves remarquables, et devenus justement célèbres. Il suffira, pour faire l'éloge du maître, de citer quelques noms:

---

* Voir aussi les Portraits de Saint-Simon et du Prétendant Charles Stuard, Nos 112 et 149 de ce catalogue. Note du libraire-éditeur R. W.

** De plus: Fred. Auguste III. Roi de Pologne, Electeur de Saxe: d'après Sylvestre; in fol. dont le I état porte l'adresse de Lespine et Hérissant, depuis supprimée.

Charles Hugues Sonnois, Avocat assis près d'une table; d'après J. B. Cornu. fol.

Martin Pallu, de la compagnie de Jesus; d'après Nonnotte. Ovale in 8. dont il existe une épreuve avant toute lettre et non achevée dans le fond de la bordure. (Catalogue d'Einsiedel).
Note du libraire-éditeur. R. W.

Schultze, Schmutzer, J. G. Müller et Bervic*, appelé à commencer plus tard une nouvelle école de gravure.

---

* De plus: Chevillet, les frères Guttenberg, Halm et Dennel.
Note du libraire-éditeur R. W.

Nous avons le Portrait de Wille:

Peint par J. B. Greuze et gravé par J. G. Müller, de élève.

Dessiné par Halm et gravé par J. F. Bause.

Dessiné par son fils P. A. Wille et gravé par P. C. Ingouf.

Dessiné par son ami G. F. Schmidt et gravé par J. H. Rode en 1753 Pet. in-8°. ovale, très-rare.

Gravé par J. F. Kauke en 1759, in 8.

Gravé par l'Abbé de Saint-Non; en perruque, accompagné d'un garçon apprenti auquel il montre une estampe; ils sont vus dans une croisée. gr. à l'eau forte en 1771. 4. Note du libraire-éditeur R. W.

OEUVRE

DE

JEAN-GEORGES WILLE.

SUJETS PIEUX.

A. ANCIEN TESTAMENT.

1. *Agar présentée à Abraham par Sara.*

D'après Christian Guillaume Ernest Dietrich: 1775.

Dans un intérieur riche et composé selon le style de Rembrandt, un escalier, par lequel on monte à l'étage supérieur, se voit vers la droite. Une table recouverte d'un tapis, et sur laquelle sont posés une cafetière et un grand livre, figure de l'autre coté, devant un lit somptueusement orné. Abraham est assis près de là, les yeux fixés sur Agar debout, et dont il tient la main. Entre eux se trouve Sara; elle parle en faveur d'Agar, sur l'épaule de laquelle elle appuie sa main gauche. Cette estampe est entourée d'une bordure formée de trois filets, et large de cinq millimètres.

Largeur, sans la bordure: 481 *millim. Hauteur:* 335 *millim.*

On connaît quatre états de cette planche:

I. Avant la lettre et avant les armes. On lit dans la marge supérieure, au milieu: 1775, et un peu à droite *Will* en caractères à rebours. Il y a, de cet état, des épreuves sur papier de Chine *.

---

* Voir le Catalogue de Rudolph Weigel, (Kunstlagercatalog) 17e Partie, No. 14935. Note du libraire-éditeur R. W.

II. Avant la lettre, mais avec les armes. L'indication du numéro de la planche se trouve gravée en allemand, à la gauche de la marge supérieure: 20te *Platte* (planche vingtième).

III. Avec les armes, la lettre et la dédicace. On lit dans la marge du bas, sous le trait carré, à gauche: *Peint par C. W. E. Dietricy Peintre de la Cour Electorale de Saxe.;* à droite: *Gravé par I. G. Wille Graveur du Roi, de L. M. Imp: et Royale, et de S. M: le Roi de Danemark;* et au milieu, divisées en deux par les armes, la lettre et la dédicace: AGAR PRESENTÉE À ABRAHAM PAR SARA. *A son Altesse Sérénissime Electorale Monseigneur Charles Théodore Comte Palatin du Rhin, Archi-Trésorier et Electeur du St Empire, Duc de Bavière, Juliers, Cleves et Berg, Prince de Moeurs, Marquis de Berg-op-Zoom, Comte de Veldentz, Sponheim, de la Marck, et de Ravensberg, Seigneur de Ravenstein, &, &. Par son très-humble et très-Obeissant Serviteur Wille.* En bas, à gauche, se lit: *le Tableau Original est dans le Cabinet de M. Wille.* Avec son adresse: *A Paris chez l'Auteur, Quai des Augustins;* enfin à la droite des armes, dans le bas. 1775.

IV. Le n° d'ordre qui se voyait dans la marge supérieure est gratté, ainsi que le nom et l'année*.

---

* Il y a des épreuves sur papier de Chine: voir notre Catalogue (Kunstcatalog) 17e Partie, No. 14984.

* Wille était quelquefois très-mécontent des imprimeurs; nous possédons une épreuve du quatrième état de cette pièce, biffée avec de l'encre et sous laquelle se lisent ces mots, écrits de la main même de Wille: quand cette épreuve, et j'en avais plus de cent pareilles, fut tirée, la planche était toute neuve; est-il possible d'imprimer d'une manière plus pitoyable! (Als dieser Druck, dergleichen ich über 100 hatte, gemacht ward, war meine Platte ganz neu; kann wohl elender gedruckt werden!) Note du libraire-éditeur R. W.

B. NOUVEAU TESTAMENT.

2. *Le Repos de la Vierge.*

D'après Christian Guillaume Ernest Dietrich : 1776.

Sur un appui de pierre placé au premier plan, l'enfant Jesus repose endormi, soutenu par la Ste Vierge qui est debout, coiffée d'un large berret, et regarde vers la gauche. Entre deux piliers, de l'autre coté, on aperçoit St Joseph avec un bonnet sur la tête.

Hauteur: 250 *millim. Largeur:* 217 *millim.*

On connaît trois états de cette planche.

I. Avant le titre. (Catalogue Basan).

II. Avec le titre. Au milieu de la marge supérieure, *Will* à rebours, et à gauche l'indication du numéro de la planche: 21te *P.* Dans la marge inférieure, sous le trait carré, à gauche: *Peint par C. W. E. Dietricy;* à droite: *Gravé par I. G. Wille Graveur du Roi;* et dans le milieu, des deux cotés des armes: REPOS DE LA VIERGE.

III. Avec le titre et la dédicace. Sous la lettre, toujours des deux cotés des armes: *A Monseigneur de Livry Evêque de Callinique*, à droite: *par son trés humble et trés obeissant Serviteur Wille,* enfin, à gauche: *à Paris chez l'Auteur Quai des Augustins.* *

Nota. La planche de cette estampe faisait partie du fonds de Mad^e^ Ve Jean. Les épreuves se vendaient quatre francs.

Il y a une copie de cette pièce, gravée en contrepartie par J. B. Stagnon fils, avec ce titre : *Famille Flamande.*

---

* On connaît de cette estampe des épreuves sur papier de Chine. Note du libraire-éditeur R. W.

3. *Le Christ en Croix.*

Petit morceau en hauteur avec ces deux lignes de texte :

Ah, que ton coeur est insensible
Si tu me vois souffrir sans m'aimer.

(*Catalogue Basan.**)

Nota. Cette pièce est sans doute une copie d'une estampe éditée par Bazin dans le dix-septième siècle et gravée d'après un tableau de Le Brun : cette estampe porte dans la marge l'inscription que nous venons de rapporter.

---

* Catalogue d'Einsiedel. Note du libraire-éditeur R. W.

SUJETS HISTORIQUES.

---

4. *La Mort de Marc Antoine.*

D'après Pompéo Battoni: 1778.

Sur un lit de repos qui occupe le premier plan, le triumvir est couché, la partie supérieure de son corps appuyée sur des coussins, à droite. De l'autre coté se trouve Cléopâtre, la tête ceinte de la couronne royale. Ses yeux sont mouillés de larmes. Elle soulève, du bras gauche, la tête de son amant, dont les regards se tournent languissamment vers elle, et étanche avec un linge le sang qui sort de sa blessure. Derrière le lit, une suivante contemple d'un air triste la scène qui se passe sous ses yeux. Le fond offre à gauche une table avec une coupe posée dessus, et, dans l'éloignement, la vue d'un riche intérieur de palais.

Hauteur: 330 *millim. Largeur:* 456 *millim.*

On connaît deux états de cette planche:

I. Avant la lettre, mais avec les armes. Dans le milieu de la marge supérieure on lit le nom de *Will*, à rebours; à gauche 22te *Pla*... Les armes de Paul Petrowitz, grand Duc de Russie, figurent dans le milieu de la marge inférieure.*

---

*Nous avons rencontré des épreuves modernes de cette estampe, ainsi que des Musiciens ambulans, des Offres réciproques, du Concert

II. Avec la lettre. Sous le trait carré, à gauche: *Peint par Pompeo Battoni;* à droite: *Gravé par J. G. Wille Graveur du Roi, de L. M. Imp. et Roy:, et de S. M. le Roi de Dannemark;* et dans le milieu de la marge, des deux cotés des armes, au dessus desquelles se voit, sur la bordure, l'année 1778: LA MORT DE MARC ANTOINE. *Dedié à Son Altesse Imperiale Monseigneur — Paul Pétrowitz Grand Duc de toutes les Russies &c. &c.*, à droite: *Par son trés humble et trés-obeissant Serviteur Wille;* à gauche: *le Tableau Original est dans le Cabinet de Mr. Wille;* enfin dans le milieu: *A Paris chez l'Auteur Quai des Augustins.*

Nota. La planche de cette estampe faisait partie du fonds de Mad[e] V.[e] Jean: les épreuves se vendaient seize francs.

5. *La Mort de Cléopâtre.*

D'après Gaspard Netscher: 1754.

La reine d'Égypte est assise près d'un lit placé à droite et supporté par de fortes pattes de Griffon, que surmonte un buste de Syrène. Vêtue d'une robe de satin largement drapée, Cléopâtre lève les yeux vers le ciel. Une de ses mains est posée sur son genou: elle approche de son sein, avec l'autre, l'aspic qui doit lui donner la mort. Une table, recouverte d'un tapis, et chargée de fruits, se voit du coté gauche; dans le fond, une suivante

---

de famille et de l'Instruction paternelle, où la lettre était déguisée par le moyen d'un cache; ces épreuves avaient seulement les armes. Note du libraire éditeur R. W.

se cache la tête dans ses mains, et s'abandonne au désespoir.

Hauteur: 340 *millim. Largeur:* 281 *millim.*

On connaît quatre états de cette planche:

I. Avant la lettre, la bordure et les armes. On voit dans la marge supérieure, au milieu, le monogramme *W* à rebours. La planche, en cet état, n'est point terminée; les chairs, gravées d'un burin large, sont peu travaillées encore.

II. Avant la lettre et avant la bordure. L'année 1754 a été ajoutée dans la marge supérieure, à coté du bon écrit en entier bon. Il n'y a dans la marge du bas que les armes du Comte de Vence et les deux figures allégoriques qui soutiennent ces armes.

III. Avant la lettre. L'estampe est entourée d'une bordure large de quatre millimètres: on lit dans la marge supérieure, à gauche: *meine erste historische Platte* (ma première planche historique); cette indication à rebours.

IV. Avec la lettre. On lit, dans la marge du bas, l'inscription suivante, séparée en deux par les armes: *Mort de Cléopâtre. Gravé d'après le Tableau-original de Netscher, d'un pied* 9 *pouces de haut sur pied* 4. *pouces de large, du Cabinet de Mr. le Comte de Vence Maréchal de Camp des Armées du Roy.;* sous le trait carré, à gauche: *Peint par Gaspar Netscher;* à droite: *Gravé par Jean Georges Wille;* enfin, sous les armes, tout-à-fait dans le bas: *à Paris chez l'Auteur, Quai des Augustins, à coté de l'Hôtel d'Auvergne.*

Nota. La planche de cette estampe faisait partie du fonds de Mad^e^ Ve Jean: les épreuves se vendaient quatre francs.*

---

* Nous sommes heureux de pouvoir, à l'aide des lettres de Wille placées dans notre collection d'autographes d'artistes, indiquer à nos lecteurs les prix auxquels il vendait cette pièce, ainsi que beaucoup d'autres. Les Épreuves de la Cléopâtre se vendaient 3 Livres. Note du libraire-éditeur R. W.

6—11. Six estampes faisant partie de l'Ouvrage intitulé : *La grande Galerie de Versailles, et les deux Salons qui l'accompagnent, peints par Charles le Brun... dessinés par Jean-Baptiste Massé..... et gravés sous ses yeux par les meilleurs Maîtres du tems. Paris de l'Imprimerie Royale*, 1752. grand in folio.*

6. *Jonction des deux Mers.*

16.

(1) Le projet de réunir l'Océan à la Méditerranée fut mis en exécution en 1667. Ce fait est exprimé ici, dans un médaillon ovale qui occupe le centre de riches ornements d'architecture, par l'emblême de Neptune et Thétis se donnant la main. Neptune représente l'Océan, où se joue,

---

* Les planches de ces six estampes appartinrent d'abord, comme toutes celles dont se composait *La Grande Galerie de Versailles*, au peintre J. B. Massé, qui avait entrepris la publication de cet ouvrage. Elles furent toutes achetées par le Roi vers 1750, et conservées jusqu'en 1800 ou 1802 dans la Collection qu'on nommait *le Cabinet du Roi*, et qui faisait partie du Cabinet des Estampes de la Bibliothèque Royale de Paris. A cette époque, l'Empereur les fit réunir aux planches dont l'Académie de Peinture se trouvait en possession quand elle fut dissoute, et qui étaient, depuis la Révolution, restées au Louvre. C'est de ces deux collections réunies que se forma *le Musée central des Arts*, appelé aujourd'hui la *Calligraphie*, dépôt dans lequel les planches qui font le sujet de cette note existent encore, ainsi que les portraits de J. B. Massé et de Poisson de Marigny.

derrière lui, une baleine: Thétis, une rame à la main, figure la Méditerranée. On lit, dans la marge inférieure, sous le trait carré, à gauche: *Peint par Ch. le Brun et dessiné par J. B. Massé*; à droite: *gravé par Desplaces. fini par de Will*; au milieu: *Jonction des deux Mers* 1667; enfin, dans le bas de la droite: N° 16.

Hauteur: 442 *millim. Largeur:* 287 *millim.*

7. *Etablissement de l'Hôtel Royal des Invalides.*

22.

(2) Sujet, comme le précédent, renfermé dans un médaillon ovale, entouré de motifs d'architecture. Le peintre à représenté le Génie de la France sous la figure d'une femme ailée, ayant sur la tête une flamme, et, près d'elle, une corne d'abondance. D'une main elle remet la croix de Saint Louis à un officier suivi de quelques soldats; de l'autre, elle leur montre le plan de l'Hôtel Royal des Invalides, qui est entre les mains de Minerve assise à ses cotés. L'Hôtel des Invalides ne fut terminé qu'en 1674, c'est par anticipation que Le Brun composa ce sujet en 1672, deux ans plus tôt. On lit dans la marge inférieure, à gauche: *Peint par Ch. le Brun. et dessiné par J. B. Massé*, à droite: *Gravé par Duflos. Fini par de Will.*; et dans le milieu: *Établissement de l'Hôtel Royal*

des Invalides 1674. Enfin, tout-à-fait à droite, N° 22.

Hauteur: 442 *millim. Largeur:* 285 *millim.*

8. *L'Ordre rétabli dans les Finances.*

23.

(3) Sujet, comme les précédents, renfermé dans un médaillon ovale entouré de motifs d'architecture. Louis XIV est représenté assis sur le trône royal, à droite; une de ses mains est appuyée sur le gouvernail que vient de lui remettre la France prosternée devant lui dans une attitude suppliante; de l'autre, il tient une clef d'or, pour marquer que désormais il sera lui-même le dispensateur de ses trésors. La Fidélité est à ses pieds, avec des livres de compte ouverts sur les genoux. Dans la partie supérieure, on voit Minerve poursuivant des Harpies qui s'envolent en laissant tomber des pièces d'or; allusion à la chambre de Justice établie en 1661. On lit dans la marge inférieure, à gauche: *Peint par Ch. le Brun et dessiné par J. B. Massé*; à droite: *Gravé par Will.*; et au milieu: *L'Ordre rétabli dans les Finances* 1662; dans le bas de la droite: N° 23.

Hauteur : 450 *millim. Largeur:* 354 *millim.*

9. *Ornements.*

27.

(4) Dans le bas, un casque entouré d'armes, avec un Amour à gauche et deux à droite. Dans le coin de la gauche, un lion terrassé et un homme chargé de chaines, et les yeux couverts d'un bandeau. On voit au dessus un génie ailé qui soulève une tapisserie. Dans la marge inférieure se lit au milieu: *Ornemens de l'Angle qui termine la Galerie vers le Salon de la Guerre, du côté des Apartemens*; plus loin: N° 27. Dans le bas de la gauche: *Peint par Ch. le Brun et dessiné par J. B. Massé*; et dans le bas de la droite: *Gravé par Aveline. Fini par Will.*

Hauteur: 353 *millim. Largeur:* 304 *millim.*

10. *Autres Ornements.*

28.

(5) A la droite du haut, une Femme qui a des ailes soulève, aidée par trois Amours, une large tapisserie, sous laquelle est un casque avec des armes, deux Amours, et, vers la droite, un ennemi vaincu et dépouillé. On lit dans la marge inférieure, au milieu: *Ornemens de l'Angle qui termine la Galerie du côté des Jardins et du Salon de la Guerre.*; plus loin: N° 28. Dans le bas de la gauche: *Peint par Ch. le Brun et dessiné*

par J. B. Massé; et dans le bas de la droite: *Gravé par Aveline. Fini par Will.*

Hauteur: 358 *millim. Largeur:* 302 *millim.*

11. *L'Europe chrétienne en paix.*

45.

(6) L'Europe, assise sur un monceau d'armes Ottomanes, tient d'une main la thiare pontificale, et de l'autre une corne d'abondance. A gauche, est la Justice avec ses attributs ordinaires et, de plus, une étoile sur la tête; près d'elle les Génies des Arts reprennent leurs différents exercices. De l'autre coté se voit la Piété, d'une main élevant vers le ciel une cassolette fumante, et tenant, de l'autre, une bourse ouverte qu'elle présente à un enfant placé à ses pieds. Sur la même ligne, d'autres enfants lisent ou prient devant un autel sur lequel brûle le feu sacré. On lit dans la marge inférieure, sous le trait carré, à gauche: *Peint par Ch. le Brun et dessiné par J. B. Massé*; à droite: *Gravé par J. Michel Liotard et fini par Will*; et au milieu: *L'Europe Chrétienne en Paix. Cintre du Salon de la Paix du côté des Appartemens de la Reine.* Dans le coin de la droite: N° 45.

Largeur: 778 *millim. Hauteur:* 292 *millim.*

12. *Titre historié pour la bataille de Fontenoy.*

D'après Charles Eisen. 1746.

Dans cette estampe, la tête de Louis XV seule à été gravée par Wille· le surplus de la planche est de P. Chenu (1). (Catalogue Basan).

13. *Fonte de la Statue de Louis XV.*

Morceau représentant les moyens employés pour la fonte en bronze de la Statue de Louis XV (2) (Catalogue Basan).

14. *Le Maréchal des Logis.*

D'après Pierre Alexandre Wille: 1790. (3)

Au milieu d'une épaisse foret, on remarque, attachée à un gros arbre, une jeune fille dont les

---

(1) Heinecke remarque que cette pièce est d'après F. Eisen. Note du libraire-éditeur R. W.

(2) Nous ne pouvons nous empêcher de douter de l'existence de cette pièce, et nous ne l'aurions pas admise dans ce Catalogue, si nous ne l'avions pas trouvée mentionnée par Regnauld Delalande, dans le catalogue de Basan, à qui on sait que Wille faisait lui-même hommage des productions de son burin.

(3) Dans un Journal manuscrit, qui se conserve au Cabinet des estampes de la Bibliothèque royale de Paris, Wille raconte que le Gouverneur des Invalides, après avoir vu au salon le tableau d'après lequel fut gravée cette estampe, accorda au brave maréchal des logis une pension annuelle de deux cents francs. Et il ajoute, dans un style qui peut donner une idée de la naïvété de son caractère ... (*pension*) *dont ce brave maréchal de Logis avoit été si enchanté qu'il etoit allé chez mon fils le remerciant comme le*

traits sont contractés par l'inquiétude et la douleur. A gauche, le Maréchal des logis, Louis Gillet, s'apprête à frapper de son sabre un brigand qui, placé à droite, dirige sur sa poitrine le canon d'un pistolet. Un autre brigand, blessé, s'enfuit dans le fond de la gauche. A terre, sur le devant, figurent, près d'un sabre brisé, une partie des vêtements de la jeune fille, ses boucles et la croix d'or qui ornait son cou.

Hauteur: 435 *mill. Largeur:* 365 *millim.*

On connaît 4 états de cette planche:

I. Avant la lettre, la bordure et les armes. (Catalogues Basan et Moerse).

II. Avant la lettre, mais avec la bordure et les armes. (Catalogues Basan et Buckingham).

III. Avec les armes et le titre. Dans la marge supérieure, au milieu, le monogramme *IV* venu à rebours, et à la gauche *Pl.* Dans la marge inférieure, sous le trait carré, à gauche: *Gravé par J. G. Wille, Grav^r du Roi, Conseil^r de l'Acad^ie Royale de Peinture Sculpture, et Gravure*, et à droite: *d'après le Tableau peint par Pierre Alexandre Wille son fils, Peintre du Roi;* et des deux côtés des armes du Roi de Prusse, dans le champ de la marge: LE MARÉCHAL DES LOGIS.

IV. Avec la lettre, les armes et la dédicace. On lit dans la marge supérieure, à gauche: 28te *Pl.* et dans celle du bas au dessous de la lettre ainsi modifiée: LE MARÉCHAL-

---

mobil de sa fortune actuelle. Il est vrai sans ce tableau qui toucha le Gouverneur sensiblement par l'action représenté, le brave étoit confondu dans la foule des vieux guerriers de la maison et oublié à jamais.

-DES-LOGIS. : *Dédié à Sa Majesté Frédéric Guillaume II. — Roi de Prusse, Electeur de Brandebourg, &c. &c. &c.*, à droite : *Par son très Humble et très Respectueux Serviteur J. G. Wille ;* à gauche : *A Paris chez l'Auteur Quai des Augustins*, N° 35. puis encore des deux côtés des armes, le texte de l'anecdote : LOUIS GILLET, *Maréchal-des-Logis au Régiment d'Artois, Cavalerie, allant de Nevers à Autun — sa patrie, s'égara de sa Route dans l'épaisseur d'un Bois, où, attentif aux cris éloignés d'une fille, qu'il voit enfin attachée à un Arbre, par deux Brigands, occupés à la depouiller de ses Vêtemens ; il résolut — de la secourir : il s'avance sur eux le Sabre à la Main, et malgré leurs Armes à feu, les attaque, les blesse, les met en fuite et délivre cette Fille qu'il — raméne à ses Parents au prochain Village.* Dans le coin gauche, au dessous de cette légende : *Fme. L'Epine, Scripsit* et dans le coin droit : *Imprimé par Robe.*, enfin au dessus des armes, l'année 1790.

Nota. La planche de cette estampe faisait partie du fonds de Me Ve Jean. Les épreuves se vendaient vingt-quatre francs.

SUJETS DE FANTAISIE.

15—51. *Variétés de Gravures.*

Suite composée d'un frontispice et de trente six pièces. Toutes sont entourées d'un trait carré, à l'exception des nos 3 et 5. *

FRONTISPICE.

---

15. *Les deux Aveugles.*

(1) Paysage montagneux. Sur un chemin qui longe le bord inférieur de l'estampe, deux Aveugles, conduits par leurs chiens, s'avancent l'un vers l'autre, pour se demander respectivement l'aumône. On lit dans la partie supérieure: VARIETÉS de GRAVURES, *Faites en différentes époques, et terminées en l'an* 8. *et* 9. *de la République, Par Jean Georges Wille, de plusieurs Académies, Conseiller de la ci-devant Académie de Peinture de Paris, actuellement Doyen*

---

* La Révolution enleva à Wille presque tout son bien. Ses planches et d'autres qu'il débitait, ses précieux tableaux, ses dessins, ses estampes, tout lui fut ravi. Il ne lui resta que les planches de cette suite, ou il s'est représente sur le frontispice sous la figure d'un des aveugles; l'autre représente un de ses amis ruiné comme lui. C'est à M. de Thümmel, Poëte et Ministre de Saxe-Altenbourg et ancien ami de Wille, que nous sommes redevables de ces détails. Note du libraire-éditeur R. W.

des Graveurs de l'Europe. An 1801. Sous le trait carré, à gauche : ***Wille Del****t*. ***et Sculp****t*. et à droite : ***Picquet Jeune, Scripsit.***

Hauteur: 165 *millim. Largeur:* 138 *millim.*

On connaît deux états de cette planche :

I. Avant l'adresse de Jean.

II. Avec l'adresse, on lit dans la marge inférieure : *A Paris, chez Jean, M**d**. d'Estampes, Rue S**t**. Jean de Beauvais,* n° 10.

Nota. Toutes les planches de cette suite faisaient partie du fonds de Me Ve Jean. La suite complète des estampes dont elle se compose se vendait 30 francs. L'éditeur Jean avait fait graver le nom de Wille à toutes les planches sans marque, et avait changé ce nom sur plusieurs qui le portaient déjà. Les divers changements qu'il a apportés à ces planches en constituent les seconds états.

16. *La Récureuse.*

(2) Dans une cour bornée à droite par un mur et à gauche par trois ou quatre chaumières, une femme, à genoux sous une petite cabane, est occupée à récurer un chaudron. A gauche, sous le trait carré : ***I. G. W.*** et, de l'autre coté : 1738.

Largeur: 131 *millim. Hauteur:* 90. *millim.*

17. *Le Fumeur.*

(3) Un Fumeur assis dans un paysage, et tournant la tête vers la gauche. A droite, une vieille femme lui apporte un vase d'où sort de la fumée.

Plus loin, des verres et des bouteilles; sur le devant, un livre ouvert. Vers le haut de la gauche, on lit: *J. G. Will fecit.* 1741. A cette pièce, il n'y a de trait carré que dans le bas.

Largeur: 84 *millim. Hauteur* 54 *millim.*

18. *L'Homme au casque.*

(4) Buste d'homme avec barbe et moustaches. Vu de trois quarts et tourné vers la droite, il est vêtu d'un manteau bordé de fourrure, et porte un casque sur la tête. A gauche, sous le trait carré: WILL *fecit.* 1741.

Hauteur: 98 *millim. Largeur*: 72 *millim.*

19. *L'Homme au chapeau.*

(5) Autre buste d'homme, de profil, et tourné vers la gauche. Ses moustaches et sa barbe sont peu fournies. Sa tète est couverte d'un large chapeau, sous lequel est drapé un mouchoir rayé dont les bouts retombent par devant.

On connaît deux états de cette planche:

I. Non terminée. La tête seule est finie; le chapeau est peu ombré; la veste u'est qu'indiquée, et l'on voit à gauche: *J. G. Will.* 1746.

Hauteur: 140 *millim. Largeur*: 85 *millim.*

II. Terminée. Le chapeau est plus ombré, la veste est couverte de travaux au burin, et l'inscription de la gauche porte : *J. G. Will* 1748. L'estampe est aussi plus courte, et bordée, en bas, par un trait carré.

Hauteur : 88 *millim. Largeur :* 97 *millim.*

20. *Les Laveuses.*

(6) Une petite rivière coule du fond jusque sur la droite du devant. De ce coté, un homme dans une barque ; de l'autre, des femmes occupées à laver du linge ; enfin, sur la rive, qui est bordée de grosses roches, une chaumière à demi-ruinée. Sous le trait carré du bas, à peu près au milieu : *J. G. W.* 1746.

Largeur : 136 *millim. Hauteur :* 56 *millim.*

21. *Les deux Paysannes.*

(7) L'Intérieur d'une habitation ; deux ou trois chaumières dans le fond de la droite. A gauche, sur le premier plan, deux femmes sont assises au sommet d'une butte de terre, un panier posé près d'elles. On lit sous le trait carré, dans le milieu du bas, *J. G. Wille. f.* 1749.

Largeur : 128 *millim. Hauteur :* 68 *millim.*

22. *Le Pêcheur.*

(8) Dans un paysage agreste, un ruisseau coule du fond vers la droite, entre des rives bordées de

roches et d'arbustes. Un homme pêche à la ligne dans le courant; à côté de lui une femme est penchée à terre.

Largeur: 134 *millim.* *Hauteur:* 55 *millim.*

On connaît deux états de cette planche:

I. Avec l'année 1752. On lit sous le trait carré de la marge inférieure, à gauche: *I. G. W.*, 1752.

II. Avec l'année 1762. L'indication précédente est effacée et remplacée parcelle-ci: *Dessiné et Gravé par J. G. Wille,* 1762.

23. *L'Hermite et la jeune femme.*

(9) Paysage accidenté, avec une petite cascade dans le milieu du fond. Sur le bord des eaux quien découlent se trouve un puits, à droite. La gauche est occupée par des rochers entre lesquels on monte par un petit escalier à la cellule d'un hermite. Assis sur le bord de sa grotte, ce saint homme semble plongé dans une méditation profonde. Non loin de lui, une jeune femme s'est agenouillée au pied d'une croix. On lit vers la droite du haut, dans le ciel: ***J. G. Wille*** **1754.**

Largeur: 145 *millim.* *Hauteur:* 97 *millim.*

On connaît deux états de cette planche:

I. C'est celui que nous venons de décrire.

II. On lit dans la marge, sous le trait carré, à gauche, cette indication ajoutée: *J. G. Wille Fecit* 1759.

24. *L'Aumône.*

(10) Vue d'une ville dans le lointain. Le chemin qui y mène s'étend vers la droite entre des rochers situés à gauche, et une tour en ruines, de l'autre coté. Près du mur qui tient à la tour, une femme est assise, son panier près d'elle: plus loin, une autre femme fait l'aumône à un mendiant.

Largeur: 150 *millim.* *Hauteur:* 111 *millim.*

On connaît deux états de cette planche:

I. Avec l'année 1755. Dans la marge inférieure, à gauche, on lit en caractères à rebours: *J. G. Wille. f.* 1755.

II. Avec l'année 1749. L'indication précédente est effacée et remplacée par celle-ci: *Dessiné et Gravé par J. G. Wille* 1749.

25. *L'Hermite.*

(11) Paysage agreste avec des rochers et une grotte, à gauche. Sur le premier plan, à droite, un enfant, conduit par une femme, semble demander l'aumône à un hermite assis sur une pierre, un livre sur ses genoux.

Largeur: 183 *millim.* *Hauteur:* 122 *millim.*

On connaît deux états de cette planche:

I. Avec l'année 1755. Dans la marge supérieure au milieu, on lit en caractères à rebours: *J. G. Wille* 1755.

II. Avec l'année 1770. L'indication de la marge supérieure est effacée; on lit dans celle du bas, au milieu: *Dessiné et Gravé par J. G. Wille* 1770.

26. *Le Chasseur et la paysanne.*

(12) Prairies bornées par des rochers d'où s'échappe une petite cascade, vers la droite du fond. Sur le premier plan est assis un chasseur conversant avec une jeune paysanne. Son chapeau, son fusil, et la corbeille de la paysanne, sont posés près de lui.

Largeur: 115 *millim. Hauteur:* 93 *millim.*

On connaît deux états de cette planche:

I. Avec l'année. Dans la marge supérieure, au milieu: 1762.

II. Avec l'année et le nom. L'indication de la marge supérieure est effacée; on lit dans celle du bas, à gauche: *Dessiné et Gravé, par J. G. Wille,* 1762.

27. *La Ferme.*

(13) Une ferme occupe toute la partie gauche de la composition. La droite offre, dans le fond, une meule de foin, et plus près un enfant qui présente à une femme une grappe de raisin.

Largeur: 208 *millim. Hauteur:* 140 *millim.*

On connaît deux états de cette planche:

I. Avec le nom et l'année à rebours. On lit dans la marge inférieure, à gauche, en caractères à rebours: *J. G. Wille* 1766.

II. L'indication précédente est effacée; au milieu de la marge: *Dessiné et Gravé, par J. G. Wille,* 1766.

28. *Le Message.*

(28) Une vieille femme assise, dans l'intérieur d'une cabane, embrasse un petit enfant, tandis que, devant elle, un autre, plus agé, joue avec un cheval de bois. On aperçoit à travers une fenêtre, à droite, un jeune garçon qui présente une lettre, et, debout dans le fond, une femme exprimant par son geste la satisfaction que l'arrivée de ce message lui fait éprouver.

Hauteur: 98 *millim. Largeur:* 76 *millim.*

On connaît deux états de cette planche:

I. Avec l'année 1756. Dans la marge supérieure, vers la gauche: *J. G. Wille* 1756 en caractères à rebours.

II. Avec l'année 1762. L'indication précédente est effacée; on lit dans la marge inférieure, à gauche: *Dessiné et Gravé à la pointe Sèche, par J. G. Wille,* 1762.

29. *Les six Grimaces.*

(15) Six bustes d'hommes et de femmes, dans des attitudes variées. Leurs physionomies grotesques les font ressembler à des caricatures. Un homme tient un vase, vers la gauche; à droite, un guerrier, coiffé d'un bonnet fourré, s'appuie de la main gauche sur sa hache.

Largeur: 172 *millim. Hauteur*: 67 *millim.*

On connaît deux états de cette planche:

I. Sans marque.

II. Avec le nom et et l'année. On lit dans la marge, à gauche : *Fait à la pointe Seche, par Wille,* 1739.

30. *La Nourrice.*

(16) Paysage borné par une palissade en bois et par un mur, à gauche. Une paysanne est assise au pied d'un arbre, son nourrisson sur les genoux. Près d'elle est un tonneau et divers ustensiles de ménage. A droite, dans le ciel, *J. G. Wille.*

Largeur : 90 *millim. Hauteur :* 58 *millim.*

On connaît deux états de cette planche :

I. C'est celui que nous venons de décrire.

II. On lit daus la marge, à gauche : *Wille Del^t. et Sculp^t.* 1750.

31. *La petite Chaumière.*

(17) La vue s'étend, à gauche, sur une vaste campagne. Du coté opposé est une habitation couverte en chaume : derrière la porte, une femme est occupée à ranger des fagots.

Largeur : 93 *millim. Hauteur :* 56 *millim.*

On connaît deux états de cette planche :

I. Sans marque.

II. Avec le nom et l'année. On lit dans la marge, à gauche : *Fait par Wille* 1760.

32. *Le Coup de vent.*

(18) Sur la gauche d'un paysage peu étendu se voit une cabane près de laquelle marche une femme accompagnée de deux enfants. Dans le fond de la droite, une autre femme lève les bras vers du linge qu'un coup de vent semble prêt d'emporter.

Largeur: 190 *millim. Hauteur:* 128 *millim.*

On connaît deux états de cette planche:

I. Sans marque.

II. Avec le nom et l'année. On lit dans le milieu de la marge: Dessiné et Gravé par *J. G. Wille,* 1777.

33. *Le petit Pêcheur.*

(1) Paysage où se voient, dans le fond, trois chaumières; sur la droite du devant, un chemin, et, sur la gauche, une pièce d'eau. Un petit garçon pêche à la ligne, par dessus une barrière.

Largeur: 100 *millim. Hauteur:* 65 *millim.*

On connaît deux états de cette planche.

I. Sans marque.

II. Avec le nom. Dans la marge on lit, à droite: *Wille Fécit.*

34. *La Collation.*

(20) Site sauvage: dans le fond de la droite, le sommet d'une maison couverte en chaume;

A gauche, sur le premier plan, un homme et une femme se sont assis par terre et mangent des raisins posés, entre eux, sur un manteau.

Largeur: 161 *millim. Hauteur:* 115 *millim.*

On connaît deux états de cette planche:

I. Sans marque.

II. Avec le nom et l'année. On lit, dans la marge, à gauche: *Dessiné et Gravé par J. G. Wille,* 1760.

35. *La Grotte.*

(21) Paysage montagneux: vers la gauche, une grotte dont l'entrée se ferme par une porte en planches; à droite une grande croix de bois et près de là, un hermite lisant.

Largeur: 163 *millim. Hauteur:* 107 *millim.*

On connaît deux états de cette planche:

I. Sans marque.

II. On lit dans la marge, à gauche: *J. G. Wille Fecit* 1760.

36. *Le Puits.*

(22) Intérieur de ferme: à la droite deux chaumières; à la gauche un puits près duquel se repose une jeune femme.

Largeur: 154 *millim. Hauteur:* 102 *millim.*

On connaît deux états de cette planche:

I. Sans marque.

II. Avec le nom et l'année. On lit, dans la marge, à gauche: *Dessiné et Gravé par Wille,* 1759.

37. *Le retour du Paysan.*

(23) Paysage dans lequel un chemin, qui prend à gauche, conduit en tournant à une chaumière située vers la droite du fond; près de cette chaumière, deux femmes lavent du linge dans un baquet; sur le devant, un paysan se dirige de leur coté, le chapeau à la main et son habit accroché à un bâton qu'il porte sur l'épaule.

Largeur: 161 *millim. Hauteur:* 100 *millim.*

On connaît deux états de cette planche:

I. Sans marque.

II. Avec le nom et l'année. On lit dans la marge, à gauche: *Dessiné et Gravé par J. G. Wille,* 1762.

38. *Les Laveuses.*

(24) Une grande fabrique figure sur une hauteur à gauche, dans un beau paysage. A droite coule une petite rivière dans laquelle deux femmes sont occupées à laver du linge.

Largeur: 165 *millim. Hauteur:* 101 *millim.*

On connaît deux états de cette planche:

I. Sans marque.

II. Avec le nom et l'année. On lit dans la marge sous le trait carré, à gauche: *J. G. Wille Del^t. et Sculp.* 1759.

39. *Le Pont de pierre.*

(25) Paysage où se remarque, dans le fond de la droite, une fabrique avec un enclos. Le

chemin, pour s'y rendre, passe sur un pont de pierre qui s'étend jusque vers le milieu de la composition. Deux femmes sont dans l'eau jusqu'à mi-jambes, et, sur le bord de la rivière, un homme assis est en conversation avec l'une d'elles.

Largeur: 161 *millim. Hauteur:* 93 *millim.*

On connaît deux états de cette planche:

I. Sans marque.

II. Avec le nom et l'année. On lit dans la marge inférieure, à droite: *Wille Delt. et Sculp.* 1761.

40. *Les Meules de foin.*

(2) Dans le fond d'un paysage, le sommet de trois ou quatre chaumières entourées de murs; Plus près un champ où s'élèvent deux meules de foin, à côté desquelles sont arretées deux femmes et un enfant.

Largeur: 157 *millim. Hauteur:* 95 *millim.*

On connaît deux états de cette planche:

I. Sans marque.

II. Avec le nom et l'année. On lit dans la marge inférieure, à gauche: *Dessiné et Gravé, par Wille*, 1754.

41. *La Conversation.*

(27) Un bâtiment ruiné s'étend de la droite jusque vers la gauche du fond. Au-devant, deux femmes et un homme conversent ensemble.

Largeur: 154 *millim. Hauteur:* 95 *millim.*

On connaît deux états de cette planche:

I. Sans marque.

II. Avec le nom et l'année. On lit dans la marge, sous le trait carré, à gauche: *Fait par J. G. Wille*, 1754.

42. *La Cascade.*

(28) Paysage agreste où se découvre, dans le fond, le clocher d'une église; à droite tombe une petite cascade, près de laquelle un pêcheur parle à une femme assise sur la berge.

Largeur: 145 *millim. Hauteur:* 99 *millim.*

On connaît deux états de cette planche:

I. Sans marque.

II. Avec le nom et l'année. On lit dans la marge inférieure au milieu: *Dessiné et Gravé, par J. G. Wille*, 1760.

43. *Le paysan et la paysanne endormis.*

(29) Des ruines occupent la droite d'un paysage où se reposent, à gauche et près de quelques débris de rochers, un paysan et une paysanne étendus par terre.

Largeur: 88 *millim. Hauteur:* 78 *millim.*

On connaît deux états de cette planche:

I. Sans marque.

II. Avec le nom et l'année. On lit dans la marge, à gauche: *Wille, Del^{t}. et Sculp^{t}.* 1760.

44. *Le Chemin tournant.*

(30) Paysage sur le devant duquel prend un chemin qui tourne au bord d'une rivière et conduit à un village situé dans le lointain. Un homme, une femme et une petite fille sont debouts sur le milieu de la route. Dans la marge inférieure, à gauche : *J. G. W.*

Largeur : 138 *millim. Hauteur :* 93 *millim.*
On connaît deux états de cette planche :
I. C'est celui décrit.
II. L'année 1747 a été ajoutée à droite.

45. *La Lecture.*

(31) Au milieu de champs bornés à l'horizon par des montagnes, un gros arbre occupe le centre de la composition. Près de là, sur le bord d'un chemin qui commence à droite, une femme, assise, lit dans un gros volume ouvert sur ses genoux.

Largeur : 140 *millim. Hauteur :* 84 *millim.*
On connaît deux états de cette planche :
I. Sans marque.
II. Avec le nom et l'année. On lit dans la marge à gauche : *Dessiné et Gravé par J. G. Wille*, 1760.

46. *Le Repos du voyageur.*

(32) Paysage hérissé de rochers entre lesquels une route, prenant à gauche, tourne vers la droite ;

sur le rebord de cette route un homme assis se repose après avoir placé son paquet près de lui. Une femme semble l'écouter en mettant par terre une grande corbeille.

Hauteur: 115 *millim.* *Largeur:* 102 *millim.*

On connaît deux états de cette planche:

I. Sans marque.

II. Avec le nom et l'année. On lit dans la marge, à droite: *Wille Fécit.* 1756.

47. *Le Moulin à eau.*

(33) Charmant paysage, dans lequel on voit quelques habitations couvertes en chaume. Un moulin est situé sur le courant d'une rivière qui vient, sous un petit pont de bois, descendre vers le bas de la gauche. Deux enfants se trouvent près de là, sur le devant.

Largeur: 128 *millim.* *Hauteur:* 85 *millim.*

On connaît deux états de cette planche:

I. Sans marque.

II. Avec le nom et l'année. On lit dans la marge, au milieu: *Wille Del[t] et Sculp[t]* 1761.

48. *Les Offres.*

(34) Dans le fond d'un paysage, à gauche, une chaumière et un bâtiment ruiné; à droite, de gros rochers. Un homme semble présenter quelque chose à une femme assise près de lui.

Largeur: 80 *millim. Hauteur:* 47 *millim.*

On connaît deux états de cette planche:

I. Sans marque.

II. Avec le nom. On lit dans la marge, sous le trait carré, à gauche: *Wille Fécit.*

49. *L'Enfant volontaire.*

(35) Le dehors d'une cabane dont on n'aperçoit que la partie inférieure. Un homme rentre par une porte, à droite. Au centre de la composition, une femme, assise sur un banc de pierre, paraît cacher à son enfant, debout près d'elle, un fruit qu'il demande à grands cris.

Largeur: 123 *millim. Hauteur:* 81 *millim.*

On connaît deux états de cette planche:

I. Avec le nom, à rebours. On lit dans la marge supérieure, vers la gauche: *J. G. Wille* en caractères à rebours.

II. L'indication précédente est effacée. On lit dans la marge du bas, à gauche: *Fait par J. G. Wille*, 1759.

50. *Les Ruines.*

(36) Paysage occupé par un grand château à moitié détruit, et dont les murs sont couverts d'arbustes et de plantes parasites; une vieille femme est assise parmi ces débris, et semble livrée à de profondes réflexions.

Largeur: 99 *millim. Hauteur:* 71 *millim.*

On connaît deux états de cette planche:

I. Sans marque.

II. Avec le nom. On lit dans la marge, à gauche: *Wille Del^t et Sculp^t*

51. *La Paysanne et son enfant.*

(37) Des champs à perte de vue, sur la droite; à gauche une haie qui se prolonge dans le fond, et sur le devant, du même coté, une espèce de hangar couvert en chaume, et près duquel une femme debout tient un enfant dans ses bras.

Largeur: 125 *millim. Hauteur:* 60 *millim.*

On connaît deux états de cette planche:

I. Sans marque.

II. Avec le nom et l'année. On lit dans la marge, à gauche: *Wille Del^t et Sculp^t* 1761.

52. *Les Musiciens ambulants.*

D'après Christian Guillaume Ernest Dietrich: 1764.

Au milieu d'un village, deux musiciens se sont arrêtés sous une porte cintrée, dont les deux piliers s'élèvent le long des bords de l'estampe. Le plus agé des musiciens est placé à droite et coiffé d'un chapeau à larges bords: il joue du violon pendant que son compagnon souffle dans une cornemuse. Celui-ci est placé à gauche. On voit du même coté, au delà d'un tonneau, deux enfants et un villageois, dont la physionomie exprime la satisfaction. Dans l'éloignement, un homme et une femme sont en conversation à la porte d'un cabaret, sur le mur duquel serpente un ceps de vigne. Cette composition est imitée d'Adrien van Ostade.

Hauteur: 128 *millim.* *Largeur:* 329 *millim.*

On connaît cinq états de cette planche:

I. Non terminée (Catalogue Moerse).

II. Avant la lettre et les armes. Très-rare (Catalogue Debois)

III. Avant la lettre, mais avec les armes. Rare (Catalogue Debois).

IV. Avec la lettre, mais avant l'*e* au mot *Electorale* sous le trait carré à gauche. Rare. On lit dans la marge supérieure, à gauche: *Zehente Platte* (Planche dixième) et dans celle du bas, sous le trait carré, à gauche: *Peint par Dietricy Peintre de la Cour Electoral de Saxe;* à droite: *Gravé en* 1764. *par J. G. Wille d'après le Tableau Original de même Grandeur qui lui appartient*, et au milieu, l'inscription suivante, separée en deux par les armes: MUSICIENS AMBULANS. *Dedié à Son Altesse Serenissime Electorale Monseigneur Fréderic Auguste Electeur de Saxe.* Dans le bas de la marge, à droite: *Par son très humble et très Obéisant Serviteur Wille*, *Graveur du Roi*, et enfin, à gauche: *A Paris*, *chez l'Auteur*, *Quai des Augustins a côté de l'Hôtel d'Auvergne.*

V. Avec l'*e* au mot *Electorale.* La faute que nous venons d'indiquer est corrigée: on ne lit plus sous le trait carré, à gauche, *Electoral* mais: *Electorale.*

Nota. La planche de cette estampe faisait partie du fonds de Mad^{e} Ve Jean. Les épreuves se vendaient douze francs *.

Il y a de cette pièce une copie bien gravée par Th. Cook **.

---

* Les épreuves se vendaient chez Wille dix livres.

** Cette copie, avant la lettre, a été quelque fois prise pour l'estampe originale. Note du libraire-éditeur R. W.

33. *Les Offres réciproques.*

D'après Christian Guillaume Ernest Dietrich: 1771.

Intérieur d'une cabane de paysans hollandais, dans laquelle le jour pénètre par une fenêtre, à droite. Une poële est placée, à gauche, sur un trépied; on voit du même coté un enfant qui est debout et mange, et, dans le fond, une jeune fille, debout aussi, tenant un pot d'une main, et de l'autre un verre à patte. Sur un plan plus rapproché, une femme est assise près de la table; elle tient de la main droite le pot qui renferme la pâte dont elle fait ses gaufres: de la gauche, elle en présente une, sur un plat de métal, à un jeune garçon qu'on voit à travers la fenêtre, et qui compte les piéces de monnaie qu'il doit donner en échange. Il est coiffé d'un bonnet élevé; à coté de lui, deux de ses camarades semblent attendre que le marché soit conclu, pour avoir leur part du gâteau.

Hauteur: 425 millim. Largeur: 322 millim.

On connaît six états de cette planche:

I. 'Avant la lettre et les armes. La marge du bas offre à gauche un essai de paysage gravé à l'eau forte. Il n'y a, dit-on, que trois épreuves tirées de cet état de la planche *).

---

* Voir le Catalogue de Rudolph Weigel (Kunstlagercatalog) 13e Partie, No. 12394. Le prix d'une épreuve de cet état est fixé à 100 écus ou 375 francs. Note du libraire-éditeur R. W.

II. Avant la lettre et les armes (Catalogue Debois).

III. Avant la lettre, mais avec les armes (Catalogue Debois)

IV. Avec la lettre. On lit dans la marge supérieure, vers le milieu, *Will* en caractères à rebours; et dans la marge du bas, des deux côtés des armes du prince Czartoryski: LES OFFRES RECIPROQUES.

V. Avec la lettre et la dédicace, mais avant l'accent sur l'*a* dans *Dedié a.* On lit dans la marge supérieure à gauche: 15e *Platte* (planche quinzième), et du même côté, sous le trait carré, dans la marge inférieure: *Peint par Dietricy Peintre de la Cour Electorale de Saxe*, à droite: *Gravé par I. G. Wille, Graveur du Roi, de L. M. Imp. et Royale et de S. M. le Roi de Danemark;* 1771. au milieu, séparées en deux par les armes, la lettre et la dédicace: LES OFFRES RÉCIPROQUES. *Dedié a son Altesse Monseigneur Adam Prince Czartoryski, Duc de Klewan et de Zukow, Général de Podolie, Gouverneur de l'Ecole Royale et Militaire, Lieutenant Général des Armées de Pologne, Collonel du Regiment des Gardes de Lithuanie Infanterie, Chevalier des Ordres de l'Aigle blanc, de St André de Russie et de St. Stanislas.* à droite: *par son très humble et très Obeissant Serviteur Wille;* à gauche, dans le coin: *Le Tableau original est dans le Cabinet de Mr Wille.* Enfin près des armes, du même côté: *A Paris chez l'Auteur Quai des Augustins**.

VI. Avec l'accent sur l'*a.* Le commencement de la dédicace est ainsi rectifié, *Dedié à . . . &c.*

Nota. La planche de cette estampe faisait partie du fonds de Made Ve Jean. Les épreuves se vendaient douze francs **

---

* Voir le Catalogue de Rudolph Weigel (Kunstlagercatalog) 16e Partie, No. 14281.

** Les épreuves se vendaient chez Wille dix livres.

34. *Le Concert de Famille.*

D'après Godefroy Schalken : 1769.

Un large rideau, retroussé de chaque côté de la composition, laisse voir une table couverte d'un riche tapis, au milieu d'une chambre au plafond de laquelle est suspendu un lustre à branches contournées. Autour de la table sont assis deux hommes, à droite, et une femme à gauche. Celle-ci chante, ainsi que le personnage assis près d'elle, tandis que le troisième musicien les accompagne sur le violon. Du côté de la jeune dame, un vieillard, coiffé d'une toque, s'est approché pour suivre sur le cahier de musique. Dans le fond de la droite se voit debout un cinquième personnage.

Hauteur: 419 *millim. Largeur*: 355 *millim.*

On connaît deux états de cette planche :

I. Avant la lettre, mais avec la bordure et les armes ; l'indication *Will* dans le milieu de la marge supérieure. L'estampe est entourée d'une bordure large de quatre millimètres environ ; dans le milieu de la marge du bas, les armes de Christian VII.

II. Avec la lettre. L'indication de la marge supérieure effacée, ou devenue illisible : on lit à gauche *Dreyzehente Platte* 1767, 68, 69 (Planche treizième). Dans la marge inférieure, sous le trait carré, à gauche : *Peint par G. Schalken*, et à droite : *Gravé par I. G. Wille Graveur du Roi et de S. M. Imp. et Royale d'apres le Tableau Original qui est dans son Cabinet.* Au milieu de cette marge, séparée en deux par les armes, la lettre ainsi conçue : LE

CONCERT DE FAMILLE. *Dedié à Sa Majesté Christian VII. Roi de Dannemark, Norwege, des Vandales et des Goths, Duc de Sleswic, Holstein, Stormarn et des Ditmarses, Comte d'Oldenbourg et de Delmenhorst &c. &c.*; à droite: *Par son très humble et tres obeissant et très soumis Serviteur, Jean George Wille* et à gauche: *a Paris chez l'Auteur Quai des Augustins.*

Nota. La planche de cette estampe faisait partie du fonds de Mad^e^ Ve Jean. Les épreuves se vendaint douze francs *).

55. *L'Instruction paternelle.*

D'après Gérard Terbourg: 1765.

Dans le fond d'un intérieur hollandais se voit, à gauche, un lit carré dont les rideaux sont fermés, et sur le second plan, une table avec différents accessoires. Près de là se tient debout une jeune fille, vêtue d'une robe de satin; vue par le dos, elle écoute attentivement l'instruction que lui fait son père: celui-ci est assis à droite, tenant sur ses genoux un chapeau orné de plumes; entre eux et plus loin on aperçoit la mère qui boit dans un *vidercome.* Cette estampe est entourée d'une bordure.

Hauteur: 366 *millim. Largeur:* 317 *millim.*

On connaît quatre états de cette planche:

I. Avant la lettre, avant les armes, et avant la bordure; peut-être unique (Catalogues van der Dussen, Marfarquhar et Wilson.)

---

* Les épreuves se vendaient chez Wille douze livres.

II. Avant la lettre, et les armes. Avec la bordure. On lit dans la marge supérieure, vers le milieu, *Will* en caractères à rebours, et à gauche; *Elfte Platte* (planche onzième).

III. Avant la lettre, mais avec les armes (Catalogue Debois).

IV. Avec la lettre. Sous le trait carré, à gauche: *Peint par G. Terburg*, et à droite: *Et gravé en* 1765, *par J. G. Wille, Graveur du Roy.* Au milieu de la marge, séparée en deux par les armes, cette inscription: INSTRUCTION PATERNELLE. *Dédié à sa Majesté Marie Thérese, Impératrice Douairiere Reine Apostolique d'Hongrie et de Bohême, Archiduchesse d'Autriche, &c. &c. &c.*; à droite de la marge: *Par son tres humble tres obeissant et tres soumis Serviteur, Jean Georges Wille;* enfin, à gauche: *le Tableau original est dans le Cabinet de M. de Peters, Peintre de S. A. R. Monseigneur le Prince Charles, Duc de Lorraine, Gouverneur des Pays-Bas, &c.*

Nota. La planche de cette estampe faisait partie du fonds de Mad^e^ Ve Jean. Les épreuves se vendaient douze francs*.

56. *Les bons Amis.*

D'après Adrien van Ostade: 1773.

Deux Flamands, à la physionomie insouciante et spirituelle, sont assis à une table grossière, sur laquelle se trouvent posés un couteau, de la craie et un morceau de papier contenant du tabac. Celui de droite est nu-tête, et savoure une bouffée, tandis que son compagnon, qui est coiffé d'un chapeau, bourre sa pipe en le regardant. Le fond représente l'intérieur d'un cabaret.

---

* Les épreuves se vendaient chez Wille dix livres.

Hauteur: 239 *millim.* *Largeur:* 211 *millim.*

On connaît deux états de cette planche:

I. Avant la lettre et les armes. Très-rare (Catalogue Basan *).

II. Avec la lettre. Dans la marge supérieure, *au milieu Will* en caractères à rebours; et à gauche: 18te *Platte* 1773. Dans la marge inférieure, sous le trait carré, à gauche: *Peint par Adrien Ostade*, à droite: *Gravé par J. G. Wille, Graveur du Roi, de L. M. Imp. et Royale et de S. M. le Roi de Danemarck;* et dans le milieu la lettre, séparée en deux par les armes: BONS AMIS. *Dédié à Monsieur le Baron de Thümmel Conseiller intime de S. A. S. Msr le Duc de Saxe-Cobourg-Saalfeld;* puis, à droite: *Par son très Humble et très obéissant Serviteur Wille;* et enfin, à gauche: *Le Tableau Original est dans le Cabinet de Mr. Wille. A Paris chez l'Auteur Quai des Augustins.*

Nota. La planche de cette estampe faisait partie du fonds de Madc VeJean. Les épreuves se vendaint quatre francs **.

57. *Le jeune Joueur d'instrument.*

D'après Godefroy Schalken: 1762.

Devant une maison placée à gauche, un jeune garçon est vu à mi-corps, coiffé d'un large chapeau. Il joue, en souriant, d'un espèce de tambour qu'il tient de la main gauche. Sur le pas de la porte, une femme écoute avec attention, en mettant ses lunettes pour regarder le jeune

* Catalogues Marfarquhar et Buckingham. Note du libraire-éditeur R. W.

** Les épreuves se vendaient chez Wille quatre livres.

musicien. Le sujet est encadré dans une fenêtre cintrée.

Hauteur: 225 millim. Largeur: 204 millim.

On connaît trois états de cette planche:

I. Avant la lettre*. Epreuve d'essai, non terminée (Catalogue Debois).

II. Avant la lettre, et avec les armes (Catalogue Debois).

III. Avec la lettre et la dédicace. Dans la marge supérieure, on lit à gauche le n° d'ordre de la planche et l'année *Neunte Platte.* 1762 (Planche neuvième). Dans la marge inférieure, sous le trait carré, à gauche: *Peint par Schalken,* à droite: *Gravé par J. G. Wille Graveur du Roi.;* et au milieu de cette marge: JEUNE JOUEUR D'INSTRUMENT *Dédié à Monsieur G. N. de Merz, Negociant à Nuremberg. Par son Ami et serviteur Wille. Gravé d'après le Tableau Original de même grandeur qui est dans le Cabinet de Monsieur Damery, Chevalier de l'ordre Royal Militaire de S. Louis. A Paris chez Wille, Quai des Augustins.*

Nota. La planche de cette estampe faisait partie du fonds de Mad^e Ve Jean: les épreuves se vendaient quatre francs**.

58. *Les Délices maternelles.*

D'après Pierre Alexandre Wille: 1781.

Assise sur un fauteuil placé à droite, et tournée du côté opposé, une femme soutient de ses deux mains son enfant, debout sur ses genoux. Elle le regarde avec sollicitude: l'enfant, de son côté,

---

* Catalogues van der Dussen et Wilson. Note du libraire-éditeur R. W.

** Les épreuves se vendaient chez Wille trois livres.

élève ses bras pour caresser sa mère. A gauche est une table sur laquelle se trouve son berceau. Sujet renfermé dans un cadre ovale.

Hauteur: 360 *millim. Largeur:* 308 *millim.*

On connaît quatre états de cette planche *):

I. Avant la lettre et le titre, mais avec les armes. On lit dans la marge supérieure, au milieu, et contre le bord de la planche, le nom de *Will* en caractères à rebours. Dans la marge inférieure sont les armes de la Duchesse Douairière de Saxe-Weymar, et sous le trait carré, à gauche, le chiffre 3 à rebours.

II. Avec le Titre. On lit dans la marge supérieure, à gauche: 25te *Pl....* et dans celle du bas, sous le trait carré, à gauche: *Gravé par J. G. Wille, Graveur du Roi, de S. M. Impre. et du Roi de Danemark;* à droite: *d'après le Tableau de son fils P. A. Wille Peintre du Roi;* et dans la marge, des deux côtés des armes: LES DELICES MATERNELLES.

III. Avec la lettre (Catalogue Winckler).

IV. Avec la lettre changée. Les armes ont été effacées dans la marge, et la lettre changée ainsi: On lit sous le trait carré, à gauche: *Gravé par J. G. Wille;* et à droite: *D'après le Tableau de P. A. Wille son Fils;* et dans le milieu de la marge: Les Délices Maternelles. *A Paris chez l'Auteur, quai des Augustins* n° 35.

Nota. La planche de cette estampe faisait partie du fonds de Mad^{e} Ve Jean. Les épreuves se vendaient dix francs.

---

*) Il existe probablement de cette planche comme de la suivante, qui lui sert de pendant, un premier état avant la lettre, le titre et les armes: nous n'en avons trouvé l'indication nulle part.

59. *Les Soins maternels.*

D'après Pierre Alexandre Wille: 1784.

Près d'une petite table placée à droite, et sur laquelle se trouve une boite à poudre, une femme est assise sur une chaise, à gauche. Elle est vêtue à la mode française de 1783, et s'occupe à disposer un ruban sur le chapeau de son jeune fils debout devant elle. Cet enfant tient une pomme de la main droite, et de l'autre le livre dans lequel il apprend à lire. Sujet comme le précédent, renfermé dans un cadre ovale. Cette estampe représente, dit-on le portrait de la femme de Pierre Alexandre Wille.

Hauteur: 355 *millim. Largeur:* 307 *millim.*

On connaît cinq états de cette planche:

I. Avant la lettre, le titre et les armes. On lit dans la marge supérieure, au milieu et contre le bord de la planche: *Wille;* dans la marge inférieure, sous le trait carré, à gauche, le chiffre 2.

II. Avant la lettre et le titre, mais avec les armes. Les armes de S. A. I. Marie Fedorowna figurent au milieu de la marge inférieure.

III. Avec le titre. On lit dans la marge supérieure, à gauche, 27te Pla... Dans la marge du bas, sous le trait carré, à gauche: *Gravé par J. G. Wille Graveur du Roi de S. M. Impre et Roy. et du Roi de Danemark;* et à droite: *d'après le Tableau de son fils Pierre Alexandre Wille Peintre du Roi;* et des deux côtés des armes: LES SOINS MATERNELS.

IV. Avec la lettre. On lit sous le titre: *Dedié à son Altesse Imperiale Madame Marie Fedorowna, Grande Du-*

chesse de toutes les Russies, née Princesse de Würtemberg &c. &c.; à droite: *par son très humble et très obeissant Serviteur J. G. Wille*; et à gauche: *à Paris chez l'Auteur, Quai des Augustins*; enfin, sous les armes: 1784.

V. Avec la lettre changée. Les armes ont été effacées dans la marge; la lettre est ainsi regravée. Sous le trait carré, à gauche: *Gravé par J. G. Wille*; à droite: *D'après le Tableau de P. A. Wille son fils*; et dans le courant de la marge: *Les Soins Maternels. A Paris chez l'Auteur, quai des Augustins*, n° 35.

Nota. La planche de cette estampe faisait partie du fonds de Mad^e. V^e. Jean. Les épreuves se vendaient dix francs.

60. *La Tante de Gérard Dow.*

D'après Gérard Dow: 1780.

Buste de vieille femme, vue à travers une fenêtre cintrée. Sa tête, de trois quarts et tournée à gauche, est d'une expression triste et défiante. Ses épaules sont couvertes d'un épais manteau rayé, sous lequel se voit le bord d'un mouchoir clair.

Hauteur: 190 *millim. Largeur:* 163 *millim.*

On connaît quatre états de cette planche:

I. Avant la lettre et les armes. (Catalogue Moerse).

II. Avant la lettre et avant la couronne. On lit dans la marge supérieure, au milieu: *Will* en caractères à rebours; et à la gauche le n° d'ordre de la planche 24te *Pl.* et l'année 1780. Les armes sont figurées dans la marge inférieure, mais sans couronne au dessus de l'écusson où se trouvent les armoiries.

III. Avant la lettre, mais avec la couronne. Une couronne de Comte a été gravée au dessus de l'écusson. De plus on lit sous le trait carré, à gauche: *G. Dow Pinx;* et à droite: *J. G. Wille; sc.*; ces indications à la pointe.

IV. Avec la lettre et la dédicace. Sous le trait carré, à gauche: *Peint par Gerard Dow;* à droite: *Gravé par J. G. Wille Graveur du Roi;* et dans la marge: TANTE DE C. DOW. *Dédié à Monsieur A. J. Comte du Respani, Seigneur de Vremdyck, un des Quatre Commissaires pour la direction de l'Académie Royale de Dessein et d'Architecture établie à Malines;* à droite du bas: *Par son Ami et très humble Serviteur, J. G. Wille;* et à gauche: *le Tableau Original est dans le Cabinet de Mr. Wille. A Paris chez l'Auteur, Quai des Augustins.*

' *Nota.* La planche de cette estampe faisait partie du fonds de Mad[e] Ve Jean, Les épreuves se vendaient quater francs.

61. *La Dévideuse.*

D'après Gérard Dow: 1755.

A travers une fenêtre cintrée, une vieille femme, assise, est vue jusqu'aux genoux. Elle dévide avec la main gauche, tenant, de l'autre, le dévidoir. Le jour vient d'une fenêtre haute pratiquée à droite.

Hauteur: 338 *millim. Largeur:* 274 *millim.*

On connaît trois états de cette planche:

I. Avant la lettre. On lit dans la marge supérieure au milieu: *Will;* et à gauche: *Zwote hist. Platte,* en caractères à rebours.

II. Avec la lettre, les armes et la dédicace. On lit dans la marge, sous le trait carré, à gauche: *Peint par Gerard Douw;* et à droite: *Gravé par Jean Georges Wille, Graveur du Roi*, 1755; au dessous, des deux côtés des armes du Comte de Vence: *La Devideuse Mere de Gerard Douw Grave d'apres le Tableau original de même grandeur tiré du Cabinet de Mr. le Comte de Vence, Maréchal de Camp des Armées du Roy;* et tout a fait dans le bas: *à Paris, chez l'Auteur, Quai des Augustins, à côté de l'Hôtel d'Auvergne.*

III. Avec la lettre seule. Les armes ont été effacées dans la marge, ainsi que la lettre, et l'adresse, qui ont été remplacées par celles ci: *La Devideuse Mere de Gerard Douw. A Paris chez l'Auteur, quai des Augustins*, n° 35.

Nota. La planche de cette estampe faisait partie du fonds de Mad[e] Ve Jean. Les épreuves se vendaient quatre francs *.

Il a été fait de cette pièce une copie en contrepartie.

62. *La Liseuse.*

D'après Gérard Dow: 1761.

Une vieille femme, assise et tournée vers la gauche, tient ouvert sur ses genoux un grand livre dont elle fait la lecture. Elle est coiffée d'un bonnet, et porte des lunettes. Le sujet se voit à travers une fenêtre cintrée par le haut.

Hauteur: 333 *millim. Largeur:* 269 *millim.* **

---

* Les épreuves se vendaient chez Wille trois livres.

** Nous connaissons une copie de cette pièce; elle est d'une fidelité surprenante, et nous semble due a un artiste allemand, dont le faire rappe le celui de S. Küttner. Les lumières sont plus larges, le maniement de l'échoppe („Schneidenadel") est moins decidé, moins sûr que dans l'original. Les mots: *Achte Platte*, lesquels se trouvent dans la marge du haut dans l'original manquent dans la copie. On lit dans la marge du bas: *La Liseuse*; et au dessous: *A Paris chez l'Auteur quai des Augustins N°*. 35. A gauche: *Peint pa. G. Dauw*; et à droite: *Gravé par J. G. Wille.* Note du libraire-éditeur Rudolph Weigel.

On connaît trois états de cette planche:

I. Avant la lettre (Catalogue Debois *).

II. Avec la lettre et la dédicace. On lit dans la marge supérieure, à gauche, l'indication du numéro d'ordre de la planche: *Achte Platte* (planche huitième). Dans la marge inférieure, sous le trait carré, à gauche: Peint par *G. Dauw.*; à droite: *Gravé par J. G. Wille Graveur du Roi.*; et au milieu: LA LISEUSE. *Dédié à Monsieur J. M. Usteri, Négociant à Zurich, et Membre de l'Académie de Botanique de Florence. Par son ami et serviteur Wille. Gravé d'après le Tableau Original de même grandeur qui est dans le Cabinet de Monsieur de Julienne Ecuyer, Chevalier de l'Ordre de St. Michel et honoraire-Amateur de l'Académie Royale de Peinture et de Sculpture. à Paris chez l'Auteur Quai des Augustins.*

III. Avec la lettre seule. La lettre a été effacée dans la marge, et remplacée par celle-ci, sous le trait carré à gauche: *Peint par G. Dauw*; à droite: *Gravé par J. G. Wille*; et dans le milieu de le marge: *La Liseuse. A Paris chez l'Auteur Quai des Augustins* nº 35. **

63. *La Ménagère hollandaise.*

D'après Gérard Dow: 1757.

Intérieur de cuisine où se voit une femme qui récure un chaudron placé sur une table, à gauche. Une cage est suspendue, du même côté, à la fenêtre qui encadre tout le sujet. Sur l'appui de cette fenêtre sont posée une bouillotte et une écumoire.

---

* Catalogues van der Dussen et Moerse. Note du libraire-éditeur R. W.

** Les épreuves se vendaient chez Wille trois livres.

Hauteur: 199 *millim. Largeur*: 170 *millim.*

On connaît trois états de cette planche:

I. Avant la lettre, non terminée (Catalogue Basan).

II. Avant la lettre. On lit dans la marge supérieure, à gauche : *Vierte P.* (planche quatrième) en caractères à rebours.

III. Avec la lettre. Dans la marge inférieure, sous le trait carré, à gauche : *Peint par G. Dauw;* à droite : *Gravé par Wille,* 1757.; et dans le milieu de cette marge : LA MÉNAGERE HOLLANDOISE *Gravé d'après le Tableau original de même grandeur, qui est au Cabinet de Mr. Lempereur, Ecuyer, Echevin de la Ville de Paris. Dédiée à Mr. Lemperur Fils, Ecuyer. Par son Ami & très humble serviteur Wille Graveur du Roy.*

Nota. La planche de cette estampe faisait partie du fonds de Mad[e] Ve Jean. Les épreuves se vendaient trois francs*.

64. *La Tricoteuse hollandaise.*

D'après François Mieris : 1757.

Jeune femme assise, dans un costume élégant, près d'une table sur laquelle sont placés un miroir et une corbeille, avec des pelotes de laine. Elle tricote en regardant le spectateur.

Hauteur: 343 *millim. Largeur:* 277 *millim.*

On connaît deux états de cette planche :

I. Avant la lettre. Très rare.

II. Avec la lettre. On lit dans la marge supérieure, à gauche : *Fünfte Platte* (planche cinquième) et à gauche 1757; ces indications à rebours. Sous le trait carré, à gauche : *Peint par F. Mieris;* et à droite : *Gravé par J. G. Wille Graveur du Roi.* Dans le milieu de la marge, des deux côtés des armes : TRICOTEUSE HOLLAN-

---

* Les épreuves se vendaient chez Wille deux livres.

DOISE. *Dedié à Monsieur Eberts, Banquier, Associé Honoraire de l'Academie Impériale des Beaux-Arts d'Augsbourg. Par son Ami & Serviteur Wille. Gravé d'Après le Tableau Original de même grandeur, qui est au Cabinet de Mr. Lempereur, Ecuyer, Echevin de la Ville de Paris. A Paris chés l'Auteur Quai des Augustins à côté de l'Hôtel d'Auvergne.*

Nota. La planche de cette estampe faisait partie du fonds de Mad^e Ve Jean. Les épreuves se vendaient cinq francs *.

65. *L'Observateur distrait.*

D'après François Mieris : 1766.

Un riche tapis et des vases de métal à reflets brillants sont groupés sur une table qui occupe le plan le plus rapproché. Derrière cette table se tient debout un jeune garçon dont les cheveux soigneusement frisés retombent en boucles sur ses épaules. De la main gauche il tient un chalumeau de paille, de l'autre une coquille dans laquelle il formait des bulles de savon, occupation qu'il vient d'interrompre pour regarder le spectateur.

Hauteur : millim. Largeur : millim.

On connaît trois états de cette planche :

I. Avant la lettre et avant les armes. On lit, dans le milieu de la marge supérieure, contre le bord de la planche : *Will*, en caractères à rebours. La marge du bas contient quelques essais et un commencement de paysage, à la droite. La planche en cet état, n'est pas terminée.

* Les épreuves se vendaient chez Wille trois livres.

II. Avant la lettre, mais avec les armes. (Catalogue Rigal.)

III. Avec la lettre. On lit dans la marge supérieure, à droite, cette indication : *Zwölfte Platte*, (planche douzième) venue à rebours. Dans la marge inférieure, sous le trait carré, à gauche: *Peint par F. Mieris;* et à droite : *Gravé par J. G. Wille Graveur du Roi.* 1766. Au milieu de la marge, la lettre, séparée en deux par les armes : L'OBSERVATEUR DISTRAIT. *Dédié à Monsieur Vincent Lienau Négociant à Bordeaux.;* à droite : *par son Ami et serviteur Wille*, à gauche : *D'après le Tableau Original qui est dans le Cabinet de M. de Peters, Peintre de S. A. R. le Prince Charles de Lorraine, Gouverneur des Pays Bas. &c.* Enfin, tout-à-fait dans le bas : *a Paris chez l'Auteur Quai des Augustins.*

Nota. La planche de cette estampe faisait partie du fonds de Mad^e^. V^e^. Jean. Les épreuves se vendaient quatre francs *.

66. *Le petit Physicien.*

D'après Gaspard Netscher : 1761.

Debout derrière une table qui occupe le premier plan, les cheveux tombant en larges boucles, et la tête coiffée d'un chapeau à plumes, un jeune garçon, richement vêtu, tient de la main gauche une coquille, et de l'autre un chalumeau de paille. Ses regards sont fixés sur une bulle de savon qu'il vient de former et qui s'élève à droite. Le sujet se voit à travers une fenêtre cintrée par le haut.

Hauteur : 193 *millim. Largeur :* 167 *millim.*

On connaît deux états de cette planche :

* Les épreuves se vendaient chez Wille trois livres.

I. Avant la lettre, mais avec les armes (Catalogue Debois*.

II. Avec la lettre. Dans la marge supérieure, au milieu : *Will*, en caractères à rebours. On lit sous le trait carré, à gauche : *Peint par Gaspar Netscher.*; à droite : *Gravé par J. G. Wille Graveur du Roi* 1761.; et dans la marge, séparées par les armes, la lettre et la dédicace : LE PETIT PHYSICIEN *a Monsieur Damery. Chevalier de l'Ordre Royal Militre. de St. Louis.*; à gauche : '*D'après le Tableau original de même Grandeur qui est dans son Cabinet;* à droite : *Par son très humble Serviteur Wille;* enfin, sous les armes : *à Paris chez l'auteur Quai des Augustins.*

Nota. La planche de cette estampe faisait partie du fonds de Made Ve Jean. Les épreuves se vendaient trois francs**.

Il existe de cette pièce deux copies, l'une gravée par S. G. Küttner, l'autre par C. G. Walverd.

67. *La Cuisinière hollandaise.*

D'après Gabriel Metzu : 1756.

Vue jusqu'aux genoux, elle est assise à gauche. Ses deux mains soutiennent, au dessus d'un plat posé sur ses genoux, la broche à laquelle elle vient de passer un poulet. On distingue, vers la droite du fond, une cheminée à laquelle un lièvre est suspendu. Le sujet est encadré dans une fenêtre cintrée par le haut.

Hauteur: 338 *millim. Largeur:* 273 *millim.*

On connaît deux états de cette planche :

---

* Catalogues van der Dussen et Marfarquhar. Note du libraire-éditeur R. W.

** Les épreuves se vendaient chez Wille deux livres.

I. Avant la lettre, mais avec les armes (Catalogue Debois *).

II. Avec la lettre. On lit dans la marge supérieure, à gauche, le n° d'ordre de la planche: *dritte Platte* (Planche troisième). Dans la marge inférieure, séparée en deux par les armes du Comte de Vence, la lettre ainsi conçue: LA CUISINIERE HOLLANDOISE. *Gravé d'après le Tableau Original de même grandeur, tiré du cabinet de Mr. le Comte de Vence, Maréchal de Camp des Armées du Roy.* Sous le trait carré, à gauche: *Peint par Gabriel Metzu;* à droite: *Gravé par J. G. Wille, Graveur du Roi.;* enfin du même côté, mais dans le bas: *à Paris, chez l'Auteur, Quai des Augustins, à côté de l'Hotel d'Auvergne.*

Nota. La planche de cette estampe faisait partie du fonds de Me Ve Jean, les épreuves se vendaient cinq francs**.

68. *La Gazetière hollandaise.*

D'après Gérard Terburg, 1758.

A travers une fenêtre cintrée par le haut, une jeune femme de la Hollande est vue jusqu'aux genoux, assise à droite, et tournée du côté opposé. Ses cheveux sont tressés sur le sommet de sa tête, et maintenus par une bande métallique, deux ou trois boucles retombent sur ses tempes et le long des joues. Elle tient un numéro de la gazette d'Amsterdam, dont elle a abandonné la lecture pour se livrer à ses réfle-

*) Catalogues van der Dussen, Moerse et Buckingham. Note du libraire-éditeur R. W.

** Les épreuves se vendaient chez Wille trois livres.

xions. Dans la gauche du fond, sur une table, sont posés un coussin et un mouchoir.

Hauteur: 346 *millim.* *Largeur:* 273 *millim.*

On connaît deux états de cette planche:

I. Avant la lettre. On lit dans le milieu de la marge supérieure: *Will;* et à droite: *Sechste* (*Pl.* sixième) en caractères à rebours. Les armes se voient dans la marge inférieure.

II. Avec la lettre. Dans la marge inférieure, sous le trait carré, à gauche: *Peint par G. Terburg.;* à droite: *Gravé par Wille.*; et dans le milieu: GAZETTIERE HOLLANDOISE. *Dédié à Messire Joseph de Raousset Comte de Boulbon.*; à droite: *par son très humble Serviteur Wille Graveur du Roi;* au dessous, à gauche: *D'après le Tableau original, de même grandeur, qui est dans son Cabinet;* enfin, tout-à-fait dans le bas, du même coté: *a Paris chez l'Auteur, Quai des Augustins.*

Nota. La planche de cette estampe faisait partie du fonds de Mad[e] Ve Jean. Les épreuves se vendaient cinq francs*.

69. *La petite Ecolière.*

D'après Jean Eleazar Schenau: 1771.

Jeune enfant vue à mi-corps, à travers une fenêtre. Un livre et des papiers sous le bras, elle se dirige vers la droite, tenant dans la main gauche un oiseau, et, de l'autre, un manchon d'étoffe, doublé de fourrure; ses cheveux sont bouclés et retenus par des rubans.

Hauteur: 195 *millim.* *Largeur:* 167 *millim.*

On connaît trois états de cette planche:

* Les épreuves se vendaient chez Wille trois livres.

I. Avant la lettre et les armes (Catalogue Debois).

II. Avant la lettre, mais avec les armes (Catalogue Debois*).

III. Avec la lettre. On lit dans la marge supérieure, au milieu: *Will*, à rebours: et à gauche: 16te *Platte* (Planche seizième). Dans la marge inférieure, sous le trait carré, à gauche: *Peint par Schenau Peintre de S. A. E. de Saxe.*; à droite: *Gravé par J. G. Wille, Graveur du Roi.* 1771.; et dans le milieu, la lettre, séparée en deux par les armes: PETITE ECOLIERE. *Dédié à Son Excellence Monsieur le Baron de Groschlag Premier Ministre d'Etat et Grand-Maitre de la Cour de S. A. El. de Mayence, Commandeur de l'Ordre Royal de St. Etienne*; puis, à droite: *par son très humble et très obeissant Serviteur Wille.*; et à gauche: *le Tableau est dans le Cabinet de Mr. Wille. A Paris chez l'Auteur Quai des Augustins.*

Nota. La planche de cette estampe faisait partie du fonds de Made Ve Jean; les épreuves se vendaient trois francs**.

70. *La Maîtresse d'école.*

D'après Pierre Alexandre Wille: 1771.

Une femme d'un âge mûr, vue à mi-corps jusqu'à la ceinture, s'appuie sur une table qui occupe le premier plan, et sur laquelle est placé un livre ouvert. Sa tête est coiffée d'un bonnet plat, et son cou caché sous un fichu rayé. Tournée de trois quarts vers la gauche, elle fait un signe de la main droite, pour appeler sans doute un enfant qui n'a pas su sa leçon, ou qui arrive trop, tard et

* Catalogue Morse. Note du libraire-éditeur R. W.

** Les épreuves se vendaient chez Wille trois livres.

dont sa main gauche fermée sur le livre, et serrant des verges, semble toute disposée à châtier la paresse.

Hauteur: 197 *millim. Largeur:* 166 *millim.*

On connaît deux états de cette planche:

I. Avant la lettre et avant les armes (Catalogue Débois *).

II. Avant la lettre, mais avec les armes. On lit, dans la marge supérieure, au milieu et contre le bord de la planche, le mot *Will*, à rebours.

III. Avec la lettre. Dans la marge supérieure, à gauche: 17te *Platte* (Planche dix-septième). Dans la marge inférieure, sous le trait carré, à gauche: *Gravé par J. G. Wille Graveur du Roi;* à droite: *d'après le Tableau de son Fils P. A. Wille.;* et dans le milieu, la lettre et la dédicace, séparées en deux par les armes: MAÎTRESSE D'ECOLE. *Dédié à Monsieur le Baron de Dalberg Chanoine de la Métropole de Mayence et des Cathedrales de Worms et de Wurzbourg, Conseiller privé de S. A. Elect: de Mayence son Vicaire Général, et Gouverneur de la Ville et du Pays d'Erfort.;* à droite: *Par son très humble et très obeissant Serviteur Wille;* et enfin, à gauche: *A Paris chez l'Auteur Quai des Augustins.*

Nota. La planche de cette estampe faisait partie du fonds de Made Ve Jean. Les épreuves se vendaient trois francs. **

71. *La bonne femme de Normandie.*

D'après Pierre Alexandre Wille: 1770.

Buste d'une vieille femme à la physionomie douce et tranquille. Elle est tournée vers la droite, et regarde le spectateur. Un mouchoir

---

* Catalogue Moerse. Note du libraire-éditeur R. W.

** Les épreuves se vendaient chez Wille trois livres.

rayé se croise sur sa poitrine, et sa tête est coiffée d'un bonnet dont les extrémités retombent, à la mode du pays, jusque sur son tablier.

Hauteur, avec la bordure: 203 *millim. Largeur:* 179 *millim.*

On connaît trois états de cette planche:

I. Avant la lettre, la bordure et les armes. Dans la marge supérieure, au milieu et contre le bord de la planche: *Will* en caractères à rebours. La planche, en cet état, n'est pas terminée. Les deux manches, et surtout celle de gauche, sont moins ombrées.

II. Avant la lettre, mais avec les armes et la bordure. Une bordure de 12 millimètres entoure le sujet.

III. Avec la lettre et la dédicace. Dans la marge supérieure, à gauche, le numéro d'ordre de la planche, et la date: *vierzehente Platte* (planche quatorzième) 1770. Dans la marge inférieure, sous le trait carré, à gauche: *Gravé par I. G. Wille Graveur du Roi et de L. M: Imp: et Roy;* à droite: *d'après le Dessein de son Fils Pierre Alexandre Wille;* et au milieu la lettre et la dédicace, séparées en deux par les armes, et conçues ainsi: BONNE FEMME DE NORMANDIE. *Dédié à Monsieur Jean Valentin Meyer Negociant à Hambourg;* dans le bas, à droite: *Par son Ami et Serviteur Wille;* et à gauche: *A Paris chez l'auteur Quai des Augustins.*

Nota. La planche de cette estampe faisait partie du fonds de Mad[e] Ve Jean; cs épreuves se vendaient trois francs. *

72. *Soeur de la femme de Normandie.*

D'après Pierre Alexandre Wille: 1774.

Buste de paysanne, vue de trois quarts, et tournée vers la gauche: sa tête est coiffée d'un

* Les épreuves se vendaient chez Wille trois livres.

bonnet dont les bouts tombent sur sa poitrine. De sa main droite élevée, elle tient une tulipe. Cette estampe, qui est un portrait, comme la précédente, lui sert de pendant.

Hauteur: 175 *millim.* *Largeur:* 153 *millim.*

On connaît trois états de cette planche.

I. Avant la lettre et avant la bordure. On lit dans la marge supérieure, au milieu et contre le bord de la planche: *Will,* en caractères très fins, venus à rebours. Dans la marge inférieure, à droite, se voit un petit paysage gravé à l'eau forte: il représente un homme qui pêche, assis auprès d'un rocher. La planche, en cet état, n'est pas terminée; elle est plus claire en plusieurs endroits, particulièrement sur la manche gauche de la bonne femme.

II. Encore avant la lettre, mais avec la bordure. Dans la marge supérieure, au milieu: *Will,* en caractères à rebours. Une bordure de quinze millimètres encadre le sujet.

III. Avec la lettre. Dans la marge supérieure, à gauche: 19te *Platte,* (planche dix-neuvième). Dans la marge inférieure, sous le trait carré, à gauche: *Gravé par I. G. Wille Graveur du Roi et de L. M. Imp. et Roi:;* à droite: *d'après le Dessein de son Fils Pierre Alexandre Wille;* et dans le milieu: SOEUR DE LA BONNE FEMME DE NORMANDIE. *Dédié à Monsieur de Besse Architecte Expert du Roi;* à droite: *par son Ami et Serviteur Wille* et à gauche: *A Paris chez l'Auteur Quai des Augustins;* on lit au milieu, entre les deux dernières lignes, l'année, 1774.

Nota. La planche de cette estampe faisait partie du fonds Mad[e] Ve Jean. Les épreuves se vendaient trois francs.*

Il existe deux copies de cette estampe; l'une est gravée en contrepartie, par L. Valperga, avec la date de 1779.

---

* Les épreuves se vendaient chez Wille trois livres.

73. *Le Philosophe du temps passé.*

D'après Pierre Alexandre Wille: 1782.

Buste d'homme tourné vers la droite. Sa tête est nue, sa barbe épaisse et frisée. Un manteau doublé de fourrure recouvre sa robe, qui est boutonnée, et par dessus laquelle passe une large ceinture.

Hauteur: 215 *millim. Largeur:* 187 *millim.*

On connaît quatre états de cette planche:

I. Avant la lettre et les armes (Catalogue Basan).

II. Avant la lettre, mais avec les armes (Catalogue Basan).

III. Avec le titre. Au milieu, et contre le bord de la planche, *Will:* en caractères à rebours. Dans la marge supérieure, à gauche: 26[le] *Pl.* (planche vingt-sixième) 1782. Dans la marge du bas, sous le trait carré, à gauche: *Gravé par J. G. Wille Graveur du Roi,* à droite: *d'après le dessin deson fils P. A. Wille Peintre du Roi.;* et dans le courant de la marge, des deux côtés des armes: PHILOSOPHE DU TEMS PASSÉ.

IV. Avec la lettre. Sous le titre, toujours des deux côtés des armes: *A Monsieur de Sandoz Rollin Conseiller d'Ambassade de S: M: le Roy de Prusse a la Cour de France.;* à droite: *Par son Ami et trés humble Serviteur J: G: Wille.;* et enfin, à gauche: *A Paris chez l'Auteur Quai des Augustins.*

Nota. La planche de cette estampe faisait partie du fonds de Mad[e] Ve Jean. Les épreuves se vendaient quatre francs.

COSTUMES.

74—85.

Suite de douze pièces gravées à l'eau-forte, d'après des Compositions de C. Parrocel, et numérotées dans le haut de la droite.

Nota. Le Catalogue Winckler fait mention d'un exemplaire de cette suite avec le titre suivant: *Reuter und Lanzenknechte, dem Hrn Wasserschlebe, Sr. Majest. des Königes von Dänemark und Norwegen, erstem Secretäre der ausländischen Geschäften, gewidmet von seinem Freunde und Diener Will,* 12 pièces en 4to ainsi marquées: *Ersonnen von C. Parrocel. Ingeätzet von J. G. Will.* Nous n'avons pas rencontré cet état, qui doit être antérieur à celui que nous décrivons.*

74.

(1) Frontispice. Un lansquenet, debout et vu de face, semble indiquer quelque chose à une femme assise à droite, à côté de trois autres lansquenets. Du même côté figurent, dans le fond, des monuments. On lit sur une large pierre, à gauche: REITRES ET LANSQUENETS. *Dédiés à Monsieur Wasserschlebe Premier Secretaire des affaires Etran-*

* Dans cet état la bordure consiste en une seule ligne. Dans le IIe, elle est formée par deux lignes. Note du libraire-éditeur R. W.

geres de S. M. le Roi de Dannemarck et de Norwege, par son Ami et très-humble Serviteur Will. Dans une bordure qui encadre l'estampe, à la gauche d'en bas: *C. Parrocel inv.*; et à droite: *J. G. Will fecit*; dans le milieu de la marge: *A Paris, chez l'Auteur, Quai des Augustins à côté de l'Hotel d'Auvergne.*

Hauteur: 167 *millim. Largeur:* 126 *millim.*

75.

(2) Un lansquenet se voit, assis sur un bloc de terre, à droite, devant une espèce de table, sur laquelle sont posés un pot et un verre. En face de lui est une femme avec un enfant; et dans le fond de la droite trois autres lansquenets, le casque sur la tête. Dans la bordure, à la gauche du bas: *C. Parrocel inv.*; et à la droite: *J. G. Will sc. aqua forti* 1753.

Hauteur: 166 *millim. Largeur:* 123 *millim.*

76.

(3) Un lansquenet se repose au pied d'un arbre, sur un banc de terre. Sa main droite est posée sur son bouclier, l'autre appuyée sur sa lance. On aperçoit deux de ses compagnons dans le fond de la gauche. Dans la marge inférieure, à gauche: *Parrocel. inv.*; et à droite: *J. G. Will. fecit.*

Hauteur: 166 *millim. Largeur:* 123 *millim.*

77.

(4) Un Reitre, suivi de son cheval, s'avance en faisant un geste vers la gauche. Trois soldats, dont deux sont assis, se voient de ce côté. Dans le bas de la bordure, à gauche : *Parrocel invenit*; et à droite : *J. G. Will sc aqua forti.*

Hauteur : 174 *millim. Largeur:* 124 *millim.*

78.

(5) Deux Reitres assis à droite, sur de larges pierres; l'un vu de face, l'autre vu par le dos. Le dernier semble faire une proposition que son camarade écoute d'un air d'incrédulité. A gauche, dans le fond, une jeune femme qui tient une bouteille, regarde attentivement. Dans le bas de la bordure, à gauche : *inv. par. Parrocel. gravé à l'eau forte par J. G. Will.*

Hauteur : 167 *millim. Largeur :* 125 *millim.*

79.

(6) Deux Reitres et deux Lansquenets, assis se partagent la bourse d'un homme qu'ils ont dévalisé et dont on voit lecadavre étendu sur le devant de la droite. Dans le bas de l'estampe on lit, à droite : *C. Parrocel. invenit. J. G. Will. sc. aqua forti.*

Hauteur : 164 *millim. Largeur :* 127 *millim.*

80.

(7) Deux Lansquenets sont assis sur un banc de gazon, à droite; derrière eux, et un peu plus loin, un troisième se voit, debout. A gauche, une femme qui tient un enfant dans ses bras se dirige du fond vers le premier plan. Elle est suivie d'un vieillard. Dans le bas de la bordure, à gauche: *Parrocel in*; et à droite: *Will fe.*

Hauteur: 166 *millim. Largeur:* 127 *millim.*

81.

(8) Un lansquenet, vu par le dos, est debout devant un canon placé à gauche, et au delà duquel est assis un autre lansquenet. Dans le fond de la droite, et derrière une petite butte qui les cache en partie, on aperçoit trois autres soldats. Dans le bas de la bordure, à gauche: *Parrocel. invenit*; et à droite: *J. G. Will. sc. aqua forti. Paris.*

Hauteur: 174 *millim. Largeur:* 124 *millim.*

82.

(9) Quatre Lansquenets jouent aux dés autour d'une table: l'un est debout, à droite; les autres sont assis. La marge inférieure offre un petit griffonis qui représente une tête. Dans le bas de

la bordure, à gauche: *Parrocel in.* et à droite *Will fe.*

Hauteur: 166 *millim. Largeur:* 126 *millim.*

83.

(10) Trois Lansquenets que l'on voit à droite causent avec deux femmes debout à gauche et portant devant elles des éventaires, chargés de légumes, une petite fille se voit dans le milieu du fond. Dans le bas de la bordure, à gauche: *Parrocel inv.*; et à droite: *Will f*

Hauteur: 171 *millim. Largeur:* 132 *millim.*

84.

(11) Deux Reitres au milieu de la campagne, et se dirigeant vers la droite. Le vent agite leurs vêtements: sa violence oblige même l'un deux à se retourner. Il est vu presque de face; l'autre se voit par le dos. Dans le bas de l'estampe, vers la gauche: *Parrocel inv.*; et à droite: *J. G. Will fecit.*

Hauteur: 169 *millim. Largeur:* 127 *millim.*

85.

(12) Marche de Reitres dans un chemin escarpé. L'un deux conduit son cheval qui descend, avec

peine, vers le fond. Deux autres Reitres suivent, en causant, à droite. Dans le bas de la bordure, à gauche : *J. G. Will fecit aqua forti* ; et à droite : *Parrocel inv.*

Hauteur : 171 *millim.* *Largeur :* 135 *millim.*

86. *Le Sapeur des Gardes Suisses.*

1779.

Buste légèrement incliné vers la droite. La tête, vue presque de trois quarts, est tournée vers la gauche, et coiffée du bonnet à poil. Le sujet se voit à travers une fenêtre cintrée par le haut.

Hauteur : 230 *millim.* *Largeur :* 187 *millim.*

On connaît quatre états de cette planche :

I. Avant la lettre et les armes (Catalogue Basan*).

II. Avec les armes, mais avant le nom de Wille tracé à la pointe. Dans le milieu de la marge supérieure se voient les deux lettres *W*, à rebours.

III. Avant la lettre, mais avec le nom de Wille tracé à la pointe. Dans la marge supérieure a été ajoutée à gauche l'indication .. *Pl...* Dans la marge du bas, sous le trait carré, à gauche : *J. G. Wille fecit;* ces mots gravés au pointillé.

IV. Avec la lettre. Dans la marge supérieure cette indication complétée, à gauche : 23te *Pl...* Dans la marge inférieure, sous le trait carré, à gauche : *Dessiné et gravé par Wille;* à droite : *Graveur du Roi*, et dans le courant de cette marge, des deux côtés des armes : SAPEUR DES GARDES SUISSES.

---

* Catalogue Buckingham. Note du libraire-éditeur R. W.

A Monsieur le Baron de Soursanvault. Chevau-Leger de la Garde du Roi. A Paris chez l'Auteur, Quay des Augustins. — Par son Ami et très humble Serviteur, Wille

Nota. La planche de cette estampe faisait partie du fonds de Mad. Ve Jean; les épreuves se vendaient quatre francs.

Il existe une copie bien gravée de cette estampe; elle est en contrepartie.

PORTRAITS FRANÇAIS.

1. ROIS.

---

87. *Childéric II.*

1738.

Dirigé vers la droite. Sa tête, vue de profil, est ceinte de la couronne royale*. ***A Boizot del.*** = ***J. G. Will Sculp.*** CHILDERIC II. ***XIV**^{e}* ***Roy de France Mort pres de Rouen, en 1673 après 5 ans de regne. A Paris chez Odieuvre, quai de l'Ecole à la belle Image.*** Voyez le n° 118.

Hauteur: 140 *millim. Largeur:* 100 *millim.*

On connaît deux états de cette planche:

I. Avec l'adresse d'Odieuvre. C'est celui que nous venons de décrire.

II. Avec l'adresse effacée.

---

* Ce portrait dépend d'une suite publiée par Odieuvre et qui se joint ordinairement aux six volumes de l'Europe illustre. Elle se compose de soixante quatre portraits, avec un frontispice gravé, sur lequel on lit: *Recueil des portraits des Rois de France depuis Pharamond jusqu'à Louis XV. dessinés d'apres les Médailles par A. Boizot Peintre Ord^{re} du Roi et Gravés par les Soins de Mich^{l} Odieuvre. Avec Priv. du Roi.* 1738. La disposition de ces pièces étant la même que celle des portraits de l'Europe illustre, nous croyons inutile de donner la description de leurs accessoires. Voyez le n° 118.

88. *Thierry I.*

1738.

Tourné vers la droite, la tête ceinte de la couronne, et vue de profil. *A Boizot del.* = *J. G. Will Sculp.* THIERRY I. *XVe Roy de France, Mort en* 670. *Après* 16 *ans de regne. A Paris chez Odieuvre, quai de l'Ecole à la belle Image C. P. R.* Voyez le n° 118.

Hauteur: 139 *millim. Largeur:* 100 *millim.*

On connaît deux états de cette planche:

I. Avec l'adresse d'Odieuvre et l'année 1670. C'est celui décrit.

II. Avec l'adresse grattée et l'année 1690. La date de la mort de Thierry est rectifiée, le 7 a été changé en 9. On ne lit plus *Mort en* 670, mais *Mort en* 690.

89. *Clovis III.*

1738.

Dirigé vers la gauche. Sa tête, ceinte de la couronne, est vue de profil. *A Boizot del.* = *J. G. Will. Sculp.* CLOVIS III. *XVIe Roy de France Mort en* 695. *après* 4 *ans de régne. A Paris chez Odieuvre, quai de l'Ecole. Avec privil. du Roi.* Voyez le n° 118.

Hauteur: 132 *millim. Largeur:* 95 *millim.*

On connaît deux états de cette planche:

I. Avec l'adresse d'Odieuvre. C'est celui que nous venons de décrire.

II. Avec l'adresse effacée.

90. *Dagobert III.*

1738.

Tourné vers la gauche. Sa tête, ceinte de la couronne royale, est vue de profil. *A Boizot del.* = *J. G. Will. Sculp.* DAGOBERT II. *XVIIIe Roy de France Mort en 715. après 4 ans de regne. A Paris chez Odieuvre, quai de l'Ecole, Avec privilege du Roi.* Voyez le n° 118.

Hauteur: 132 *millim. Largeur:* 100 *millim.*

On connaît trois états de cette planche :

I. Avec l'adresse d'Odieuvre. C'est celui que nous venons de décrire.

II. Avec l'adresse effacée.

III. Avec l'adresse effacée et l'inscription changée. Les deux lignes de texte ont été grattées sous le nom de Dagobert II, et remplacées par celles-ci : *XVIIIe Roy de France; Mort en* 715, *agé de* 26 *a* 27 *ans.* Dans un espace ménagé à cet effet dans le milieu de ces deux lignes a été figuré le monogramme dont Dagobert se servait pour signer : en voici la figure :

91. *Chilpéric II.*

1738.

Dirigé vers la gauche. Sa tête, ceinte de la couronne, est vue de profil. *A Boizot del.* = *J. G. Will Sculp.* CHILPERIC II. *XIXe Roy de France. Mort à Noyon en* 721. *après* 5 *ans et demi de regne. A Paris chez Odieuvre Quai de l'Ecole.* A P D R Voyez le n° 118.

Hauteur: 142 *millim. Largeur:* 101 *millim.*

On connaît deux états de cette planche:

I. Avec l'adresse d'Odieuvre. C'est celui que nous venons de décrire.

II. Avec l'adresse effacée.

92. *Thierry II.*

1738.

Tourné vers la droite, la tête ceinte de la couronne, vue de profil. *A Boizot del. = J. G. Will. Sculp* THIERRY II. *XXe Roy de France, Mort en* 738. *après* 17 *ans de regne. A Paris chez Odieuvre, quai de l'Ecole. Avec privilege du Roi.* Voyez le n° 118.

Hauteur: 140 *millim. Largeur:* 101 *millim.*

On connaît deux états de cette planche:

I. Avec l'adresse d'Odieuvre. C'est celui que nous venons de décrire.

II. Avec l'adresse effacée.

93. *Childéric III.*

1738.

Dirigé vers la droite. Sa tête est vue de profil, et ses épaules sont couvertes d'une pelisse garnie de fourrure. *A Boizot del. = J. G Will Sculp.* CHILDERIC III. *XXIe Roy de France. Détrôné en* 751. *après* 8 *ans de régne, Mort à l'Abbaïe de St Bertin, en* 754. *A Paris chez Odieuvre, quai de l'Ecole. Avec privil. du Roi.* Voyez le n° 118.

Hauteur: 138 *millim. Lavgeur:* 98 *millim.*

On connaît deux états de cette planche:

I. Avec l'adresse d'Odieuvre. C'est celui que nous venons de décrire.

II. Avec l'adresse effacée.

94. *Charlemagne.*

1738.

Tourné vers la droite. Sa tête, vue de profil, est ceinte d'une couronne de lauriers. *A Boizot del. = J. G. Will Sculp.* CHARLEMAGNE. *XXIIIe Roy de France, et Empereur. Mort à Aix la Chapelle, le* 28 *Janvier* 814. *Après* 48 *ans de regne. A Paris chez Odieuvre, quai de l'Ecole à la belle Image. C. P. R.* Voyez le n° 118.

Hauteur : 139 *millim. Largeur :* 98 *millim.*

On connaît deux états de cette planche :

I. Avec l'adresse d'Odieuvre. C'est celui que nous venons de décrire.

II. Avec l'adresse effacée.

95. *Louis I., dit le débonnaire.*

1738.

Dirigé vers la droite. Sa tête, vue de profil, est ceinte d'une couronne de lauriers. *A Boizot del = J G Will Sculp* LOUIS I, *dit* LE DEBONNAIRE *Empereur XXIVe Roy de France. Mort à Ingelheim, pres Mayence, le* 20 *Juin.* 840 *Après* 27 *ans de regne. A Paris chez Odieuvre, quai de l'Ecole a la belle Image. C. P. R.* Voyez le n° 118.

Hauteur : 138 *millim. Largeur :* 97 *millim.*

On connaît deux états de cette planche :

I. Avec l'adresse d'Odieuvre. C'est celui que nous venons de décrire.

II. Avec l'adresse effacée.

96. *Louis II, dit le bègue.*

1738.

Tourné vers la droite. Sa tête vue de profil et ceinte d'une couronne de lauriers. *A Boizot del.* = *J. G. Will Sculp.* LOUIS II, *dit le* BEGUE, *XXVIe Roy de France, Mort à Compiegne, le* 10 *Avril en* 879, *agé de* 30 *a* 35 *ans, après un an et* 7 *mois de regne. A Paris chez Odieuvre M^d d'Estampes, quai de l'Ecole, vis à vis la Samarit^e à la belle Image. C P R* Voyez le n° 118.

Hauteur: 137 *millim. Largeur:* 90 *millim.*

On connaît deux états de cette planche:

I. Avec l'adresse d'Odieuvre. C'est celui que nous venons de décrire.

II. Avec l'adresse effacée.

97. *Charles III.; dit le gras.*

1738.

Dirigé vers la gauche. Sa tête, vue de profil, est ceinte d'une couronne de lauriers. *A Boizot del.* = *J. G. de Will Sculp.* CHARLES III. *dit* LE GRAS. *Empereur XXVIIIe Roy de France. Mort en Souabe le* 8. *Janvier* 888. *après* 3 *ans de regne. A Paris chez Odieuvre M^d d'Estampes quai de l'Ecole vis à vis la Samarit. à la belle Image. C P R* Voyez le n° 118.

Hauteur: 140 *millim. Largeur:* 98 *millim.*

On connaît deux états de cette planche:

I. Avec l'adresse d'Odieuvre. C'est celui que nous venons de décrire.

II. Avec l'adresse effacée.

98. *Charles IV., dit le simple.*

1738.

Tourné vers la droite. Sa tête est vui de profil et ceinte d'une couronne de lauriers. *A Boizot del.* = *G. de Will Sculp.* CHARLES IV. *dit le* SIMPLE. *XXXe Roy de France. Mort à Peronne le 7 Oct. 929, apres 30 ans de regne. A Paris chez Odieuvre Md d'Estampes, quai de l'Ecole vis-à-vis la Samarite a la belle Image. C. P. R.* Voyez le n° 118.

Hauteur: 141 *millim. Largeur:* 99 *millim.*

On connaît deux états de cette planche:

I. Avec l'adresse d'Odieuvre. C'est celui que nous venons de décrire.

II. Avec l'adresse effacée.

99. *Lothaire.*

1738.

Dirigé vers la gauche. Sa tête, ceinte de la couronne, est vue de profil. *A Boizot del.* = *J. G. Will. Sculp.* LOTHAIRE. *XXXIIIe Roy de France. Mort à Rheims le 2 Mars. 986. Apres*

32 ans de régne. A Paris chez Odieuvre M^d d'Est. rue d'Anjou la derniere P. Coch. à main gauche entr. par la Rue Dauph. C. P. R. Voyez le n° 118.

Hauteur: 140 *millim. Largeur:* 99 *millim.*

On connaît deux états de cette planche:

I. Avec l'adresse d'Odieuvre. C'est celui que nous venons de décrire.

II. Avec l'adresse effacée.

100. *Hugues-Capet.*

1738.

Tourné vers la gauche. Sa tête, ceinte de la couronne, est vue de profil. *A Boizot del.* = *J. G. Will. Sculp.* HUGUES, *dit* CAPET. *XXXVe Roy de France. Mort à Paris, en* 996. *Après* 9 *ans de regne. A Paris chez Odieuvre M^d d'est. rue d'Anjou la derniere P. Coch. à gauche entrant par la rue Dauph^e. C. P. R.* Voyez le n° 118.

Hauteur: 144 *millim. Largeur:* 98 *millim.*

On connaît deux états de cette planche:

I. Avec l'adresse d'Odieuvre. C'est celui que nous venons de décrire.

II. Avec l'adresse effacée.

101. *Henri I.*

1738.

Dirigé vers la gauche. Sa tête est vue de profil et ceinte de la couronne de fer. *A Boizot del.* =

J. G. Will Sculp. HENRI I. *XXXVIIe Roy de France. Mort à Vitry près Paris, le* 4 *Août* 1060. *Après* 29 *ans de regne. A Paris chez Odieuvre M^{d} d'Estampes rue d'Anjou la derniere P. Cochere à gauche entrant par la rue Dauphine. C. P. R.* Voyez le n° 118.

Hauteur: 140 *millim. Largeur:* 98 *millim.*

On connaît deux états de cette planche:

I. Avec l'adresse d'Odieuvre. C'est celui que nous venons de décrire.

II. Avec l'adresse effacée.

102. *Philippe I.*

1738.

Tourné vers la droite. Sa tête, ceinte de la couronne, est vue de profil. *A Boizot del.* = *J. G. Will Sculp.* PHILIPPE I. *XXXVIIIe Roy de France. Mort à Melun, le* 25 *Juillet* 1108. *Après* 48 *ans de regne. A Paris chez Odieuvre M^{d} d'Estampes rue d'Anjou la derniere P. Cochere à gauche entr^{t} par la Rue Dauph^{e} C P R.* Voyez le n° 118.

Hauteur: 142 *millim. Largeur:* 92 *millim.*

On connaît deux états de cette planche:

I. Avec l'adresse d'Odieuvre. C'est celui que nous venons de décrire.

II. Avec l'adresse effacée.

103. *Louis VI, dit le gros.*

1738.

Dirigé vers la gauche. Sa tête, vue de profil, est ceinte de la couronne royale fleurdelisée. *A Boizot del. = J. G. Will Sculp.* LOUIS VI. *dit* LE GROS. *XXXIXe Roy de France, Mort à l'Abbaïe St. Victor en* 1137. *après* 29 *ans de régne. A Paris chez Odieuvre M^{d} d'Estampes rue d'Anjou la derniere P. Cochere à gauche entr^{t} par la rue Dauph^{e}. C P R* Voyez le n° 118.

Hauteur: 139 *millim. Largeur:* 95 *millim.*

On connaît deux états de cette planche:

I. Avec l'adresse d'Odieuvre. C'est celui que nous venons de décrire.

II. Avec l'adresse effacée.

104. *Louis XV.*

D'après Charles Parrocel.

Louis XV, à cheval, se dirige vers la gauche, suivi de quatre généraux, qui ont l'épée à la main. Sa tête est couverte d'un chapeau et son corps d'une cuirasse; tenant d'une main la bride de son cheval, il a l'autre posée sur le sceptre. On aperçoit, dans le fond de la gauche, au delà d'une vaste campagne, la cathédrale de Strasbourg. Au dessus, les nuages sont dissipés par le soleil qui se lève, emblême de la félicité que goûte la France sous Louis XV dit *le bien-aimé*. Dans le bas de la droite sur la terrasse, 1747.

Hauteur: 465 *millim. Largeur:* 380 *millim.*

On connaît quatre états de cette planche:

I. Avant la lettre; épreuve d'essai. On remarque dans le bas de la marge, à gauche, plusieurs croquis et entre autres une tète d'homme. Les armes de France se voient au milieu du bas. Très-rare.

II. Avant la lettre; épreuve terminée. Les trauvaux de la marge inférieure sont ébarbés. Rare.

III. Avec la lettre. Le portrait du Cavalier le plus près du Roi représente un personnage agé. Rare encore.

IV. Avec la lettre changée. Dans la marge, sous le trait carré, à gauche: *Peint par C. Parrocel, la Teste par J. Chevallier d'après le Buste fait par J. B. le Moine; Gravé par J. G. Will;* à droite: *Ecrit par le Parmentier Graveur ordinaire du Roy pour ces Finances;* et dans le courant de la marge, séparée en deux par les armes de France, cette inscription: *Louis Quinze le Bien Aimé.* Le portrait du Cavalier placé pres du Roi répresente un personnage jeune.

Nota. Les épreuves de cet état se trouvent en tête de l'ouvrage intitulé: *Représentation des Fetes données par la Ville de Strasbourg pour la Convalescence du Roi, à l'arrivée et pendant le séjour de Sa Majesté en cette Ville. Inventé, Dessiné et dirigé par J. M. Weis, Graveur de la Ville de Strasbourg.* Imprimé par Laurent Aubert à Paris, gr. in-fol° composé de onze planches et de dix feuilles de texte.

105. *Louis XV.*

D'après Jean Baptiste Le Moyne : 1748.

Buste posé sur un piédouche. La tête, de trois quarts, est tournée vers la droite; le corps couvert d'une cuirasse, et entouré d'un manteau sur lequel se voient les insignes de l'ordre du St. Esprit. Médaillon ovale, posé sur un socle. Une palme, une branche d'olivier et une épée sont placées sur ce socle, à gauche: une autre palme, et un casque, à droite.

Hauteur: 442 *millim. Largeur:* 323 *millim.*

On connaît trois états de cette planche :

I. Avant la lettre. Très-rare.

II. Avec la lettre, mais avant le nom du dessinateur Heilmann. On lit sur la face verticale du socle, dans un cartouche : *Ludovicus Victor et Pacator.* Dans la marge, sous le trait carré, à gauche : *Ad stat. marmor. Jo. Bap. Le Moyne ;* à droite : *Jo. Geor. Will Sculpsit*, et dans le milieu : *A Paris chez l'Auteur Quay des Augustins, à côté de l'Hôtel d'Auvergne.*

III. Avec la lettre et le nom d'Heilmann. Sous les mots *Ad stat. marmor.* etc., on lit : *Jo. Gasp. Heilmann, pinxit.*

Nota. La planche de cette estampe faisait partie du fonds de Mad[e] Ve Jean. Les épreuves se vendaient six francs.

2. PRINCES ET PRINCESSES.

106. *Louis, Dauphin de France, fils de Louis XV.*

D'après Daniel Klein.

Le Dauphin est éclairé par la droite et tourné vers la gauche : sa tête est vue de trois quarts. Il porte le ruban et la marque de l'ordre de la toison d'or. Son corps est couvert d'une cuirasse et entouré d'un manteau doublé d'hermine, sur lequel on aperçoit la plaque de l'ordre du Saint Esprit. Médaillon ovale posé sur un socle.

Hauteur : 226 *millim. Largeur :* 165 *millim.*

On connaît deux états de cette planche :

I. Avant la lettre. Rare. Dans la marge supérieure, au milieu *Will* en caractères à rebours.

II. Avec la lettre. Sur la face horizontale du socle, à gauche : *Peint par Klein ;* et à droite : *et gravé par Will.* Sur la face verticale : LOUIS DAUPHIN DE FRANCE, *Né à Versailles le* 4. *Septembre* 1729. et sous le trait carré, dans la marge : *A Paris chez Will Quay des Augustins entre les ruës Gille-coeur et Pavée chez Mr Emery.*

Nota. La planche de cette estampe faisait partie du fonds de Mad. Ve Jean. Les épreuves se vendaient trois francs.

106 bis. *Le Comte de la Marche, depuis Duc d'Orléans.*

D'après P. de Lorme.

Il est tourné vers la droite. Son corps est couvert d'une cuirasse, et sa tête coiffée d'une perruque. Dans un médaillon ovale, posé sur un socle.

Wille n'a gravé qu'une partie de cette estampe.

Hauteur: 500 *millim. Largeur:* 325 *millim.*

On connaît deux états de cette planche:

I. Avant la lettre.

II. Avec la lettre*. On lit sur le socle, à gauche: *P. de Lorme pinx;* à droite: *Schmidt sculp.* et au devant: *Son Altesse Sérénissime Monseigneur le Comte de la Marche.*

107. *Marie Thérèse d'Espagne, Dauphine de France.*

D'après Daniel Klein: 1745.

Tournée vers la droite, et la tête vue presque de face, elle est vêtue d'une robe a corsage garni de pierreries et surmonté d'une berthe en guipure. Son corps est entouré d'un manteau doublé d'hermine. Médaillon ovale posé sur un socle.

Hauteur: 227 *millim. Largeur:* 165 *millim.*

On connaît deux états de cette planche:

I. Avant la lettre. Très-rare.

II. Avec la lettre. Sur la face horizontale du socle, à gauche: *Peint par Klein;* à droite: *et gravé par Will;* sur la face verticale, dans un cartouche: MARIE-THERESE D'ESPAGNE *Dauphine de France Née le* 11. *Juin* 1726. et dans la marge inférieure, au milieu: *A Paris chez Will*

* Les épreuves de cet état ont servi à décorer une thèse.

Quai des Augustins entre les rues Gille-coeur et Pavée chez Mr Emery.

Nota. La planche de cette estampe faisait partie du fonds de Made Ve Jean. Les épreuves se vendaient trois francs.

108. *Marie Josephe de Saxe, Dauphine de France.*

D'après Daniel Klein : 1747.

Le Dauphine est tournée vers la gauche, la tête vue de trois quarts. Sa robe est garnie de pierreries, surmontée d'une berthe en dentelle, et entourée d'un manteau doublé d'hermine. Dans un médaillon ovale soutenu par un socle.

Hauteur: 227 *millim. Largeur:* 164 *millim.*

On connaît deux états de cette planche :

I. Avant la lettre. Rare. Au milieu de la marge supérieure se voit le monogramme *IV.*

II. Avec la lettre. Le monogramme de la marge supérieure est effacé. On lit sur la face verticale du socle dans un cartouche : MARIE JOSEPHE, DE SAXE, *Dauphine de France Née à Dresde, le* 4. *Novembre* 1731. Sous le trait carré, à gauche : *Peint par Klein.* à droite : *et gravé par J. G. Will.* et au dessous, dans le milieu de la marge : *A Paris, chez Will, Quay des Augustins, entre les rues Pavée et Gille-coeur, attenant l'Hôtel d'Auvergne.*

Nota. La planche de cette estampe faisait partie du fonds de Made Ve Jean. Les épreuves se vendaient trois francs.

3. ECCLESIASTIQUES.

109. *Pierre de Tencin, Cardinal.*

D'après Etienne Parrocel.

Le Cardinal est tourné vers la droite, d'où vient le jour, la tête vue de trois quarts. Il est représenté assis, avec une mozette de fourrure, sur laquelle passe le ruban de l'ordre du St Esprit, avec la croix. Médaillon ovale posé sur un socle; dans le milieu sont les armoiries.

Hauteur: 448 *millim. Largeur:* 324 *millim.*

On connaît trois états de cette planche :

I. Avant la lettre. Très rare.

II. Avec la lettre; mais avec la croix blanche. On lit dans les cartouches figurés sur la face verticale du socle, des deux côtés des armes: PETRUS DE GUERIN CARDINALIS DE TENCIN *Archiepiscopus et Comes Lugdunensis, Galliarum Primas, Regii Ordinis Sancti Spiritus Commendator, Sorbonae Provisor, Unus è Regni Administris, &c.* Sous le trait carré, dans la marge, à gauche: *Ste. Parocel Effigiem pinx.* et à droite: *J. G. Will del. et sculp.* La croix d'Archevêque, qui figure dans les armoiries, est toute blanche.

III. Avec la lettre et la croix travaillée. Les épreuves de cet état offrent beaucoup de différences avec celles de l'état qui précède. La croix d'Archevêque est couverte de points.

110. *Pierre de Tencin, Cardinal.*

D'après Jean Gaspard Heilmann.

Il est tourné vers la gauche, le jour venant du côté opposé. Sa tête est vue de trois quarts.

Ses épaules sont couvertes d'une mozette sur laquelle tombent le rabat et la croix del'ordre du St Esprit. Médaillon ovale posé sur un socle.

Hauteur: 225 *millim.* *Largeur:* 163 *millim.*

On connaît deux états de cette planche :

I. Avant la lettre. Rare.

II. Avec la lettre. On lit sur la face verticale du socle, dans un cartouche : PIERRE DE TENCIN CARDINAL. *Archevêque Comte de Lyon Ministre d'Etat.* Sous le trait carré, à gauche : *Peint par J. Gasp. Heilmann Peintre de son Eminence;* à droite : *et gravé par J. G. Will;* et dans le milieu de la marge : *A Paris chez Will Quai des Augustins, entre les rues Pavée et Gille-coeur chez Mr Emery.*

Nota. La planche de cette estampe faisait partie du fonds de Made Ve Jean. Les épreuves se vendaient trois francs.

111. *Jean Louis Berton de Crillon, archevêque de Narbonne.*

L'archevêque est tourné vers la droite. Médaillon ovale, posé sur un appui. La mitre, la crosse, des livres et le chapeau de Cardinal sont disposés sur cet appui. Dans la marge inférieure, à gauche : *J. G. R. pinxit;* et à droite : *Will f.* Cette planche, dont les épreuves sont très-rares, a été gravée pour l'oraison funèbre de ce prélat.

Largeur: 111 *millim.* *Hauteur :* 76 *millim.*

112 *Claude de Saint-Simon, Evêque.*

D'après Hyacinthe Rigaud : 1744.

Tourné vers la gauche, et assis dans un fauteuil placé à droite, l'évêque de Meaux soutient sur ses genoux un livre dont il tourne un feuillet de la main gauche. Dans le fond, sur une console, se voit une riche pendule, et au-dessus de St Simon une draperie relevée avec des glands. Sujet entouré d'une bordure figurant une fenêtre. La tête a été gravée par *Daullé*, le surplus de la planche par *Wille.*

Hauteur: 504 *millim. Largeur:* 364 *millim.*

On connaît deux états de cette planche :

I. Avant la lettre.

II. Avec la lettre. On lit, sur l'appui de la fenêtre, des deux côtés des armes : CLAUDIUS DE SAINT SIMON, *Episcopus Princeps Metensis Par Franciae*, sous le trait carré, à gauche: *Peint par Hyathe Rigaud Ecuier Chever de l'Ordre de St Michel.;* et à droite: *Gravé par J. Daullé, Gravr du Roy, à Paris en* 1744.

Nota. Le Catalogue Basan mentionne, de cette estampe, une épreuve *avant la* 3e *ligne*, et le catalogue Paignon-Dijonval une épreuve *avec des contretailles ajoutées sur les feuillets du livre.* Nous n'avons pas rencontré ces différences *.

* Le Catalogue d'Einsiedel mentionne aussi une première épreuve où la lettre du bas : *S. R. J. Princeps* était seulement tracée à la pointe. Note du libraire-éditeur R. W.

112 bis. ***Charles d'Orléans de St Albin, Archevêque de Cambray.***

D'après Hyacinthe Rigaud : 1741.

Il est représenté assis, le corps tourné vers la droite, et la tête inclinée du côté opposé. Couvert de l'habit épiscopal, il met la main droite sur sa poitrine, et tient, de l'autre, un livre appuyé sur ses genoux. Le fond représente un intérieur de palais ; un rideau retombe à gauche. Sujet encadré dans une fenêtre.

Wille n'a gravé dans cette planche que le rideau, le fauteuil, le livre et le manteau du personnage.

Hauteur : 500 *millim. Largeur :* 365 *millim.*

On connaît trois états de cette planche :

I. Avant les armes et avant la lettre.

II. Avant les armes, mais avec la lettre. On lit sur l'appui de la fenêtre, des deux côtés d'un rond ménagé pour les armes, qui ne sont pas encore gravées : *Carolus. Archiepiscopus Dux Cameracensis. Par Franciae. Sacri Romani Imperii Princeps. Comes Cameracesii.* Sous le trait carré, à gauche : *Pinxit Hyacinthus Rigaud, Sti Michaelis Eques, Rector nec non Regiae Academiae Picturae ex Moderator;* et à droite : *Georgius Fridericus Schmidt. Sculpsit Parisiis.* 1741 ; cette date à peine lisible.

III. Avec la lettre et les armes. Les armes sont gravées dans le rond msnagé au milieu de la lettre : l'année 1724 a été ajoutée à la fin de l'inscription, sous le trait carré à gauche, et l'année 1741 renforcée à la fin de celle qui se trouve à droite.

113. *Charles Gabriel de Tubières de Caylus, Evêque d'Auxerre.*

D'après Louis la Fontaine : 1739.

Il est représenté assis dans un fauteuil, près d'une table sur laquelle il pose la main droite. Sa main gauche semble indiquer des Ordonnances synodales placées sur la table, à côté de différens accessoires. Deux colonnes se voient dans le fond de la gauche, et à droite un rideau qui retombe en larges plis.

Wille n'a gravé, dans cette estampe, que les accessoires posés sur la table, et le fauteuil dans lequel est assis le personnage.

Hauteur : 434 *millim. Largeur :* 341 *millim.*

On connaît deux états de cette planche :

I. Avant la lettre.

II. Avec la lettre. On lit sur une bordure étroite qui encadre le sujet, à gauche : *Fontaine Pinxit;* et à droite : *Schmidt Sculpsit;* dans la marge des deux côtés des armes : *Charles Gabriel de Tubieres de Caylus, Evêque d'Auxerre.*

113 bis. *Antoine de Singlin, Supérieur de la Maison de Port-royal des Champs.*

D'après Philippe de Champagne : 1745.

Incliné légèrement vers la gauche, il est vêtu d'un surpli. Médaillon ovale posé sur un socle.

Hauteur : 255 *millim. Largeur :* 186 *millim.*

On connaît deux états de cette planche :

I. Avant la lettre. Très-rare. Dans la marge supérieure, au milieu *Will* en caractères à rebours.

II. Avec la lettre. Dans la marge supérieure, à droite : 1745. Sur la face horizontale du socle, à gauche : *Gravé par Jean Georges Will d'après ;* et à droite : *l'original peint par Phi. Champagne.* Sur la face verticale, dans un cartouche : MESSIRE ANTOINE DE SINGLIN. *Pretre, Confesseur et Superieur des Religieuses de Port Royal des Champs mort à Paris le* 17 *Avril* 1664.

Nota. La planche de cette estampe faisait partie du fonds de Mad[e] Ve Jean. Les épreuves se vendaient trois francs.

114. *Antoine François Prevost, Aumônier du Prince de Conti : auteur de divers ouvrages.*

D'après Charles-Nicolas Cochin : 1746.

Il est éclairé par la droite, et tourné vers la gauche, la tête vue de trois quarts. Un rabat retombe sur sa robe qui se boutonne par devant. On aperçoit, à droite, le sommet du fauteuil sur lequel il est assis, et dans le fond de la gauche, une bibliothèque. Un appui est placé sur le devant.

Hauteur : 125 *millim. Largeur :* 78 *millim.*

On connaît deux états de cette planche :

I. Avant la lettre. Rare.

II. Avec la lettre. On lit sur l'appui : ANTOINE FRANCOIS PREVOST. *Aumônier de S. A. S. Mgr le Prin. de Conti ;* et dans la marge, sous le trait carré, à gauche : *Dessiné par C. N. Cochin le fils ;* et à droite : *et gravé par J. G. Will* 1746.

115. ***Michel Manessier, Religieux augustin.***

D'après Carle Vanloo : 1748.

Il est tourné vers la droite, et assis sur un fauteuil, près d'une table. Sa main droite est posée sur un livre appuyé sur son genou. Sa tête est vue de trois quarts. On aperçoit une bibliothèque dans le fond.

Hauteur : 195 *millim. Largeur :* 157 *millim.*

On connaît trois états de cette planche :

I. Avant toutes lettres. Très-rare.

II. Avec la lettre, mais avant l'acrostiche. Rare.

III. Avec la lettre, et avec l'acrostiche. Dans la marge supérieure, au milieu : *Opus cedro dignum. Verisimillima Prosopographia.* Dans la marge de gauche, en caractères placés verticalement, l'un sous l'autre, cet acrostiche : *Virtutis specimen, coelestis regula vitae.* Dans la marge de droite : *Inclytus et genio, munificusque bonis ;* et sous la marge du bas, à gauche : *Carles Vanloo prof. Reg. delin.* et à droite : *Sculpt. Reg. J. G. Will Sculp.* 1748. Dans cette même marge, des deux côtés des armoiries : MICHEL MANESSIER — — DE-GUIBERMAISNIL, *Religieux, Prêtre Augustin, né le* 22. *Janviér* 1685. *Cette maison de Manessier sortie des Edhilingues, ou Princes du sang, des anciens Saxons, est connue en Espagne sous le nom de Menesez, qui, suiv*[t] *l'Idiôme du païs, est le même que Manessier, elle y a toujours tenu le rang dû à sa tres haute noblesse ; Alexis Menesez aussi Rel*[x] *Augustin mort a Madrit en odeur de sainteté en* 1621, *avoit été Archev. de Goa Primat des Indes, Viceroy de Portugal &c. Mefride-Edhilingues Sire de Manessier, Chevalier, vivant en* 829, *chef des branches de Fr. et d'Esp. étoit le XVII*[e] *ayeul du Religieux cy dessus, et le XVIII*[e] *de Madame la Marquise de Guibermais-*

nil-Canisi sa nièce, née le 26 *Aout* 1729, *mariée le* 9 *Fevr.* 1747. *seule et unique heritiere des grands de cette maison;* — enfin sous les armes, en une seule ligne: — *dont led. Religieux est le dernier mâle, la terre et Sgrie de Manessier est en Picardie, Gñalité de Soissons, Elect. de Noyon.*

4. DIVERS.

116. *Jacques de Chabanes, Comte de la Palisse, Maréchal de France.*

D'après A. de Chabanes.

Le Comte est vu presque jusqu'aux genoux, tourné vers la droite, et portant le collier de l'ordre de Saint Michel. La main ganche posée sur le pommeau de son épée, il s'appuie de l'autre, sur sa hanche. Le corps est ceint d'une cuirasse que recouvre un manteau court. On voit figurées, sur ce manteau, les armes de la maison de Chabanes, qui porte *de gueules au lion d'hermine, armé, lampassé et couronné d'or.* Le casque du guerrier, ses gantelets et le bâton de maréchal de France sont posés devant lui, sur un appui.

Hauteur: 161 *millim. Largeur:* 103 *millim.*

On connaît deux états de cette planche:

I. Avant la lettre. Rare.

II. Avec la lettre. Rare. On lit dans un cartouche ménagé au devant de l'appui: *Jacques de Chabanecs Comte de la Palisse. Grand Maitre et M*[al] *de France. Ch*[er] *des Ordres du Roy, Capitaine de* 100 *Ho*[es] *d'Armes. Gouverneur du*

Bourbonnois, Auvergne, Lionois, Fores, Roanois Dombes, Beaujoulois, la Marche, Combrailes. Lieutenant General pour le Roy en Italie et Guyene. Sous le trait carré, dans la gauche de la marge: *Dessiné par A. Comte de Chabanées d'apres le Mausolé;* et à droite: *et grave par Will.*

117. *Philippe de la Mothe-Houdancourt, Maréchal de France.*

Le Maréchal est représenté en cuirasse et coiffé d'une grande perruque. Portrait ovale, sans encadrement, sans lettre, et sans nom d'artiste.

Hauteur: millim. Largeur: millim.

On connaît trois états de cette planche:

I. La planche, in-4° n'est pas encoré réduite à la dimension du portrait (Catalogue Kreuchauf.)

II. La planche est réduite. L'oil droit du personnage est petit, sa joue est plissée, et le nuage, qui se voit à la droite du fond, est clair.

III. Le personnage est rajeuni; son oeil droit est plus large le pli de sa joue a disparu, et le nuage du fond est ombré *. (Catalogue Einsiedel.)

118. *Nicolas de Catinat, Maréchal de France:*

1738.

Le Maréchal est dirigé vers la droite. Sa tête, vue de trois quarts, est tournée à gauche et coiffée

---

* Ce portrait a servi à décorer une thèse. La bibliothèque historique de la France par le Père Lelong indique deux portraits du Maréchal de la Mothe, gravés par Wille, l'un des deux in-fol. Il est probable que ce dernier est le portrait ovale, que nous décrivons, tiré avec les accessoires, et l'autre, ce même portrait tiré séparement.

d'une perruque. Son corps est couvert d'une cuirasse. Médaillon ovale, posé sur un socle. On lit sur le socle, à gauche : *N. Pinx.*; à droite : *J. G. Will sculp.* et au devant : NICOLAS DE CATINAT, *Marechal de France. Né à Paris le* 1er *Septembre* 1637. *Mort à sa Terre de S[t] Gratien le* 25 *Février,* 1712. La marge inférieure offre cette adresse : *A Paris chez Odieuvre, M[d] d'Estampes quai de l'Ecole vis-à-vis la Samaritaine, à la belle Image. C. P. R.* *

Hauteur : 141 *millim. Largeur :* 102 *millim.*

On connaît deux états de cette planche :

I. Avant la lettre. Rare.

II. Avec la lettre. C'est celui que nous venons de décrire **.

---

* Ce portrait fait partie d'un ouvrage publié par Odieuvre, qui était éditeur et, comme le dit son adresse, marchand d'estampes, dans le milieu du dix-huitième siècle. Voici le titre de cet ouvrage : *L'Europe illustre, contenant l'Histoire abrégée des Souverains, des Princes... et des Dames célebres en Europe..... par M. Dreux du Radier... Ourage enrichi de Portraits, Gravés par les soins du Sieur Odieuvre. Paris*, 1755, 6 vol. in-4°. Pour éviter la description des mêmes accessoires, nous renverrons à cet article en décrivant, parmi les portraits qui suivent, ceux qui appartiendront à *l'Europe illustre.* Nous avons renvoyé aussi à cet article en transcrivant la lettre des portraits des Rois de France.

** Nous sommes portés à croire qu'il existe trois états de toutes les estampes gravées pour Odieuvre, le premier, avant la lettre ; le second, avec la lettre et l'adresse d'Odieuvre ; le troisième, avec l'adresse effacée : mais nous n'avons constaté ces différences que lorsque nous les avons vues.

119. ***François de Neufville, Duc de Villeroy, Maréchal de France.***

D'après Jean Chevalier: 1744.

Il est tourné vers la droite, d'où vient la jour. Sa tête est coiffée d'une perruque. Le corps, couvert d'une cuirasse, est entouré d'un manteau doublé d'hermine. Médaillon ovale, posé sur un socle, avec les armoiries du personnage figurées en partie sur le médaillon, en partie sur le socle.

Hauteur: 367 *millim. Largeur:* 248 *millim.*

On connaît trois états de cette planche.

I. Avant la lettre. Très-rare. On voit dans la marge supérieure, au milieu, le monogramme *IW*, à rebours.

II. Avec la lettre, mais avant la dédicace. Sur la face verticale du socle, à gauche: *Jean Chevalier Pinxit;* à droite: *J. G. Will Sculpsit* 1744; et sur la face horizontale, dans un cartouche: FRANCOIS-LOUIS-ANNE de NEUFVILLE, *Duc de* VILLEROY, *Pair de Frce Maréchal des Camps et Armées de S. M. Chever des Ordres du Roy Capne de la premre et plus encne Compe Frse des Gardes du Corps, Gouveur et Lant Gnal. pour S. M. des Ville de Lion, Provce de Lionnois, Forêt, et Beaujolois.*

III. Avec la lettre et la dédicace. On voit l'indication *Q. Off.* sous le trait carré à gauche: elle signifie *Quesnay offerebat.* De plus la faute *encne Compe* est corrigée: on lit: *ancne Compe.*

120. *Charles Louis Auguste Fouquet de Belle-Isle, Maréchal de France.*

D'après Hyacinthe Rigaud: 1743.

Vu jusqu'aux genoux, debout et tourné vers a gauche, il s'appuie sur le bâton de maréchal. Son corps est couvert d'une cuirasse par dessus laquelle retombent les cordons de l'ordre du St Esprit et de la toison d'or. Le casque du guerrier se voit sur un bloc de pierre, près de lui. Dans le fond de la droite est représentée une escarmouche.

Hauteur: 436 *millim. Largeur:* 327 *millim.*

On connaît trois états de cette planche:

I. Avant la lettre. Rare.

II. Avec la lettre, mais avant les armes. On lit dans la marge supérieure, au milieu, le chiffre *I* à rebours. Dans la marge inférieure, sous le trait carré, à gauche: *Peint par Hy[the] Rigaud Ecuier Chev. de l'Ordre de St Michel.* et à droite: *Et gravé par Johann Georges Will, à Paris* 1743. Dans le champ de la marge: *Charles Louis Auguste Foucquet de Belle-isle, Duc de Gisors, Prince du St Empire, Maréchal de France, Chev[er] des ordres du Roy, et de la Toison d'Or, Gouverneur de Metz, et Pays Messin, Geñal des Armées du Roy, Ambass[eur] Extraord[re] près l'Emper[r] et Plenipot[re] en Allemag[e];* enfin au dessous: *Présenté à Monseigneur Le Marechal de Belle-isle, Par son tres humble et tres Obeissant Serv. Will.*

III. Avec la lettre et les armes. La lettre tout entière, à l'exception des noms du peintre et du graveur, a été regravée dans la marge, au milieu de laquelle figurent les armes du personnage.

Nota. La planche de cette estampe faisait partie du fonds de Mad[e] Ve Jean. Les épreuves se vendaient six francs.

121. *Maurice de Saxe, Maréchal de France.*

D'après Hyacinthe Rigaud: 1745.

Il est tourné vers la droite, la tête vue de trois quarts, et dirigée du côté opposé. Son corps est couvert d'une cuirasse, par dessus laquelle est agraffé un manteau en peau de tigre, avec la plaque de l'ordre de l'Aigle blanc. Sa main droite est appuyée sur sa hanche. Dans une fenêtre cintrée par le haut et décorée d'architecture, avec un soubassement.

Hauteur: 448 *millim. Largeur:* 327 *millim.*

On connaît deux états de cette planche:

I. Avant la lettre. Rare. Dans la marge supérieure, au milieu: *Will* en caractères à rebours.

II. Avec la lettre. On lit sur le soubassement de la fenêtre, des deux côtés des armoiries du personnage: *Maurice de Saxe. Duc de Curlande et de Semigallie Maréchal de France.* Sous la marge inférieure, à gauche: *Peint par Hiacinthe Rigaud Chev. de l'Ord. de St Michel;* à droite: *Et Gravé par J. G. Will* 1745. et au milieu: *A Paris chez l'Auteur Quai des Augustins entre les Rues Pavée et Gilecoeur, au logis de M. Emery.*

Nota. La planche de cette estampe faisait partie du fonds de Mad[e] Ve Jean; les épreuves se vendaient six francs.

122. *Woldemar de Loewendal, Maréchal de France.*

D'après Maurice Quentin De la Tour : 1749.

Le Maréchal est légèrement incliné vers la gauche, et sa tête vue presque de face. Son habit, qui laisse apercevoir une cuirasse est décoré de la plaque de l'ordre du Saint Esprit.

Médaillon ovale orné de motifs d'architecture, parmi lesquels figurent des feuilles de lauriers. Ce médaillon est posé sur un socle, au dessous duquel se voit un appui supportant les armes de Loewendal, entourées d'attributs : ce sont, à gauche, une épée, une palme, des lauriers et le bâton de Maréchal de France ; à droite, un enfant qui soutient sur la couronne de Comte celle du Saint Empire.

Hauteur : 456 *millim. Largeur :* 332 *millim.*

On connaît trois états de cette planche :

I. Avant la lettre, avant les armes et avant la bordure terminée. Très-rare (Catalogue Basan) *.

II. Avant la lettre, et avant les armes terminées. Les armes sont gravées dans le cartouche, mais le léopard qui figure dans le bas de ces armes, à droite, est entièrement blanc.

III. Avec la lettre. On lit au milieu de la marge supérieure, en caractères à rebours, le nom de *Will* tracé à la pointe. Sur l'appui du bas, separée en deux par l'extrémité

* (Catalogue d'Einsiedel). Note du libraire-éditeur R. W.

des attributs, cette inscription: WOLDEMAR DE LÖWENDAL. *Comte du S. Empire Chevaler des Ordres du Roi, Marechal de France.* Sous le trait carré, à gauche: *Peint par M. Q. De la Tour*, au milieu: *Les orn. inv. par H. Gravelot;* et à droite: *Gravé par J. G. Will à Paris* 1749.

123. *Charles, Comte d'Aumale, Lieutenant général.*

D'après Jean Chevalier: 1751.

Tourné vers la droite et coiffée d'une perruque, il est représenté en cuirasse avec un manteau doublé de fourrure. Médaillon ovale, posé sur un socle.

Hauteur: 231 *millim. Largeur:* 170 *millim.*

On connaît deux états de cette planche.

I. Avant la lettre. Très-rare (Catalogue Winckler) *.

II. Avec la lettre. On lit sur le socle, à gauche: *J. Chevallier Pinxit* 1749., à droite: *J. G. Will Sculp.* 1751. et au devant: CHARLES COMTE D'AUMALE *Lieutenant Général des Armées du Roy, Commandr de l'Ordre Royal et Militaire de St Louis, Directeur des Fortification des Places d'Artois.*

124. *Louis Phelypeaux, Comte de Saint-Florentin, Ministre de la maison du Roi.*

D'après Jean Louis Tocqué: 1751.

Il est assis devant un bureau qui est placé à droite. Une de ses mains tient un papier; de

* Aussi dans le Catalogue d'Einsiedel. Note du libraire-éditeur R. W.

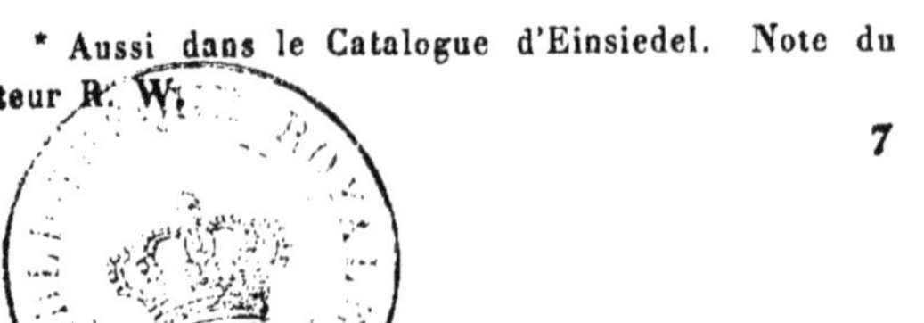

l'autre, il fait une indication en regardant le spectateur.

Hauteur: 424 *millim. Largeur:* 329 *millim.*

On connaît quatre états de cette planche:

I. Avant la lettre. Très-rare. Les armes ne se voient pas encore dans la marge, et l'estampe n'est pas entourée d'une bordure.

II. Avec la lettre, mais avant la qualité de *Ministre* et avant les maillets teintés. Rare. Les armes sont gravées dans la marge, mais les maillets qui figurent dans ces armes, sont blancs. L'estampe est entourée d'une bordure large de cinq millimètres. On lit dans la bordure, à la gauche du bas: *Peint par Louis Tocqué en* 1749; à droite: *et Gravé par Je. Geo. Will en* 1751. Dans la marge, des deux côtés des armes: *Louis Phelypeaux Comte de Saint Florentin, Commandeur des Ordres du Roy; Secretaire d'Etat & des Commandements de Sa Majesté Chancelier de la Reine.;* et plus bas: *Massilia Civitas beneficiorum memor offerebat anno M. DCC. LI.*

III. Encore avant la qualité de *Ministre*, mais avec les maillets teintés. (Catalogue Franck.)

IV. Avec la qualité de *Ministre*. La seconde ligne de l'inscription, dans la marge, est ainsi modifiée: *Commandeur des Ordres du Roy, Ministre Secretaire d'Etat &...*

125. *Abel François Poisson de Vandières, Marquis de Marigny, Directeur-général des Bâtiments.*

D'après Jean Louis Tocqué: 1761.

Il est debout et tourné vers la gauche. Sa main droite déroule des plans posés, devant lui, sur une table. Dans le fond, un rideau, retombé en plis larges et savamment éclairés.

Hauteur: 423 *millim. Largeur*: 326 *millim.*

On connaît cinq états de cette planche :

I. Avant la lettre et avant les armes. Très-rare. (Catalogue Franck.)

II. Avant la lettre, avec les armes, mais avant le bout de l'épée. Rare. On n'aperçoit pas la pointe de l'épée que porte le personnage, ce qui fait qu'il est impossible de comprendre comment elle est placée.

III. Avant la lettre, mais avec le bout de l'épée. Rare. Le bout de l'épée est exprimé; il se détache en clair sur la base de la colonne, à droite.

IV. Avec la lettre, mais avant l'indication de la réception à l'Académie. Sous le trait carré, à gauche: *Peint par L. Tocqué.*, à droite: *Gravé par J. G. Wille*, et des deux côtés des armes: *Abel Francois Poisson Marquis de Marigny Conseiller du Roi en ses Conseils Commandeur de ses Ordres Directeur et Ordonnateur Général des Bastiments, Jardins, Arts Academies et Manufacture Royales.*

V. Avec l'indication de la réception à l'Académie. On lit tout à fait dans le bas, sous les armes: *Gravé par Jean Georges Wille pour sa Réception à l'Académie* 1761 *.

126. *Jean de Boullongne, Contrôleur général des Finances.*

D'après Hyacinthe Rigaud : 1758.

De Boullongne est tourné vers la droite. Il porte un jabot et des manchettes de dentelle et a le corps entouré d'un manteau largement drapé. Sa main est posée sur un livre. Dans le fond retombe une riche draperie. Sujet encadré dans

* Les épreuves se vendaient chez Wille six livres.

une fenêtre cintrée par le haut, et décorée d'ornements d'architecture.

Hauteur: 437 *millim. Largeur:* 331 *millim.*

On connaît trois états de cette planche:

I. Avant la lettre. Rare. Au milieu de la marge supérieure, on lit en caractères à rebours le nom *Will*, finement tracé.

II. Avec la lettre en une ligne. Rare. Dans le cartouche du bas, des deux côtés des armes, cette inscription en lettres majuscules: JEAN DE BOULLONGNE sous le trait carré, à gauche: *Peint par H. Rigaud Chevalier de l'Ordre de St Michel.* et à droite: *Gravé par J. G. Wille Graveur du Roy* 1758.

III. Avec la lettre en trois lignes. L'inscription majuscule, dont les caractères étaient trop grands, a été grattée et remplacée par la suivante, en lettres bâtardes: *Jean de Boullogne Controlleur Général des Finances Commandeur et Grand Trésorier des Ordres du Roi.* Les indications, sous le trait carré, sont restées les mêmes.

127. *Nicolas René Berrier, Lieutenant de police.*

D'après Jacques de Lyen.

Le Lieutenant de police est tourné vers la droite. Sa tête, vue de trois quarts, reçoit le jour de la gauche. Une de ses mains est posée sur un volume debout au dessus d'une table placée à droite: il soulève, avec l'autre main, un pan de sa robe. On aperçoit, dans le fond, une bibliothèque au dessous d'un large rideau.

Hauteur: 403 *millim. Largeur:* 312 *millim.*

On connaît quatre états de cette planche:

I. Avant la lettre et les armes. Rare.

II. Avant la lettre, mais avec les armes. Rare.

III. Avec la lettre. Dans la marge, sous le trait carré, à gauche : *Peint par De Lyen.*, à droite : *Gravé par Wille Gr du Roi;* et dans le courant de la marge, des deux côtés des armes du personnage : *Nicolas René Berrier Chevalier Ministre d'Etat, Conseiller d'Etat et Ordinaire au Conseil des Dépêches et au Conseil Royal des Finances, Ancien Lieutenant Général de Police.*

IV. Avec les adresses de Bretin et Basan. On lit des deux côtés des armes, tout à fait dans le bas : *A Paris chés Bretin Maison de M. Ponce Graveur rüe d'Enfer chés le Md de Tabac vis-à-vis la rue Saint Thomas........ Et chés Basan rue et Hôtel Serpente.*

Note. La planche de cette estampe a servi ensuite au portrait du Ministre de Sartine. La tête du personnage a eté refaite, ainsi que la marge du bas, par Chevillet; il a gravé sous le trait carré, à gauche : *Peint par Vigée,* et à droite : *Gravé par Chevillet.*

128. *Joseph Parrocel, Peintre.*

D'après Hyacinthe Rigaud : 1744.

Parrocel est tourné vers la gauche : sa tête, vue de trois quarts, est coiffée d'une perruque. Un manteau largement drapé recouvre ses épaules. Médaillon ovale posé sur un socle. Au bas du médaillon est un cartouche qui prend sur le socle et où se voient les armoiries du célèbre Peintre de Batailles.

Hauteur : 362 *millim. Largeur :* 249 *millim.*

On connaît deux états de cette planche :

I. Avant la lettre. Rare.

II. Avec la lettre. On lit sur la face horizontale du socle, à gauche : *Peint par Hthe Rigaud Ch. de l'ord. S. Michel;*

à droite : *Gravé par J. G. Will en* 1744, et sur la face verticale, dans le cartouche : JOSEPH PARROCEL *de Brignolles en Provence, Peintre de Bat*[lles] *Con*[er] *de l'Acad*[ie] *Roiale de Peint*[re] *et Sculp*[re] *né en* 1648 *mort à Paris, le* 1er *Mars* 1704 *Agé de* 56. *ans* 6. *mois.*

Nota. La planche de cette estampe faisait partie du fonds de Mad[e] Ve Jean. Les épreuves se vendaient six francs.

129. *Nicolas de Largillière, Peintre.*

1738.

Il est tourné vers la gauche, la tête vue presque de face ; ses épaules sont drapées dans un large manteau. On aperçoit un chevalet à la gauche du fond. *Se ipsum pinx.* = *J. G. Will Sculpsit.* NICOLAS DE LARGILLIERE *Peintre ordinaire du Roi, Recteur Chancelier et Directeur de L'Academie Royale de Peint*[re] *et Sculpt*[re]. *A Paris chez Odieuvre M*[d] *d'Est. rue d'Anjou la derniere porte Coch. a main gauche, entrant par la rue Dauph*[e] *C. P. R.* Voyez le nº 118.

Hauteur : 144 *millim. Largeur :* 100 *millim.*

On connaît trois états de cette planche :

I. Avant la lettre. Rare. Il n'y a que le monogramme *W*, dans la marge supérieure.

II. Avec la lettre. C'est celui que nous venons de décrire.

III. Avec l'adresse d'Odieuvre effacée.

130. *Jean Baptiste Massé, Peintre.*

D'après Jean Louis Tocqué : 1755.

Debout devant un bureau qui est placé à droite, il tourne ses regards vers le spectateur, et tient une des estampes gravées d'après ses dessins pour l'ouvrage intitulé: *la grande Gallerie de Versailles**. On voit à gauche un fauteuil, plus loin un rideau qui retombe, et dans le fond une statue placée sur une petite bibliothèque.

Hauteur: 433 *millim. Largeur:* 331 *millim.*

On connaît trois états de cette planche:

I. Avant la lettre. Rare. Dans la marge supérieure, au milieu et contre le bord de la planche:. *Will* en caractères à rebours.

II. Avec la lettre, mais avant l'adresse de Will. Sous le trait carré, à gauche: *Peint par L. Tocqué en* 1734. à droite: *Gravé par J. G. Wille, Graveur du Roy, en* 1755. Dans la marge: JEAN BAPTISTE MASSÉ. *Peintre et Conseiller de l'Academie Royale de Peinture et de Sculpture;* et au dessous ces six vers, dont trois à gauche et trois à droite:

Du celebre LE BRUN, *sous ces riches lambris,*
Versailles renfermoit les chef-d'oeuvres sans prix,
Qui de LOUIS LE GRAND *nous ont tracé l'histoire.*
Secondé du burin, MASSÉ, *durant trente ans,*
Par des travaux d'un genre à triompher des tems,
De la France et du Peintre étend par tout la gloire:

PIRON.

III. Avec la lettre et l'adresse de Wille. Sous les vers on lit: *Se vend à Paris, chez Wille, Quay des Augustins, à côté de l'Hotel d'Auvergne***.

---

* C'est Charles Nicolas Cochin qui a gravé l'eau forte du sujet représenté dans l'estampe que Massé tient dans les mains.

** Les épreuves de cet état se trouvent en tête de l'ouvrage intitulé: *La grande Galerie de Versailles* .... *&a Paris, Impr. Roy.* 1752, in-fol.

131. *Henri Liébaux, Géographe.*

D'après Jean Chevalier : 1747.

Tourné vers la droite, et la tête, vue de trois quarts, le Géographe est couvert d'un habit brodé, orné de brandebourgs. Médaillon ovale, posé sur un socle.

Hauteur: 238 *millim. Largeur:* 168 *millim.*

On connaît trois états de cette planche :

I. Avant la lettre. Très-rare. On lit dans la marge supérieure, au milieu, le monogramme *W* à rebours.

II. Avec la lettre, mais avant l'adresse de Chevalier. Sur la face horizontale du socle, à gauche : *J. Chevalier pinxit* 1745., à droite : *J. G. Will sculpsit* 1747. et sur la face verticale: HENRI LIÉBAUX *Géographe ordinaire du Roi et Censeur royal.*

III. Avec la lettre et l'adresse de Chevalier. On lit dans la marge du bas : *A Paris chés Chevalier rue du Four Faubourg St Germain à l'Hôtel d'Allemagne.*

131 bis. *Jean-Baptiste Rousseau, Poëte.*

D'après Jacques André Aved : 1740.

Il est vu jusqu'aux genoux, assis à une table et tourné vers la droite. Sa main gauche tient une plume, et la droite, posée sur la table, un cahier de papiers. Wille n'a gravé dans cette estampe que des parties accessoires.

Hauteur: 263 *millim. Largeur:* 199 *millim.*

On connaît deux états de cette planche :

I. Avant la lettre.

II. Avec la lettre*. On lit sous le trait carré, à gauche: *J. Aved pinxit,* à droite: *G. F. Schmidt Sculpsit,* et dans la marge: *Joannes Baptista Rousseau*, *Natus Anno* 1670. *Certior in nostro carmine vultus erit. Mart. L. 7. Ep.* 84.

132. *Pierre Louis Moreau de Maupertuis, Géomètre et Astronome.*

D'après Robert Tournière: 1741.

Debout derrière l'appui d'une fenêtre qui occupe le premier plan, et vêtu d'une robe de fourrure, Moreau de Maupertuis a la main droite posée sur le globe de la terre comme pour faire comprendre l'aplatissement de ses pôles, de l'autre main il fait une indication, en regardant le spectateur. Sur l'appui de la fenêtre se voit un bas-relief dans lequel Maupertuis est représenté en traineau, pour rappeler son excursion en Laponie. Un rideau est relevé au sommet de cette fenêtre.

Hauteur: 502 *millim. Largeur:* 346 *millim.*

On connaît trois états de cette planche:

I. Avant la lettre. Très-rare.

II. Avec la lettre, mais avant le nom des Artistes, dans la marge. On lit sur l'appui de la fenêtre, au dessus du sujet qui s'y trouve représenté:

Ce Globe mal connu qu'il à seu mesurer,
Devient un Monument ou sa gloire se fonde,
Son Sort est de fixer la figure du monde,
De lui plaire et de l'éclairer. *Par M*r *de Voltaire.*

Au dessous de ce même sujet: *Pierre Louis Moreau de*

---

* Les épreuves de cet état se trouvent en tête des oeuvres de J. B. Rousseau, *Bruxelles*, 1743, 3 vol. in-4°.

Maupertuis. A gauche, dans l'intérieur de l'estampe: *Peint par R. Tourniere*, et à droite: *Gravé par J. Daullé* 1741.

III. Avec la lettre et le nom des Artistes dans la marge. Dans la marge inférieure ont été ajoutées ces indications; à gauche: *Peint par R. Tourniere*, et à droite: *Gravé par J. Daullé*. 1741.

133. *Bernard Forest de Bélidor, Mathématicien.*

D'après Louis Vigée: 1750.

Bélidor est tourné vers la droite, la tête vue de trois quarts. Son corps est couvert d'une cuirasse sur laquelle retombe la croix de l'ordre de St Louis. On aperçoit, dans le fond, une bibliothèque. Médaillon ovale, placé sur un socle.

Hauteur: 225 *millim. Largeur:* 162 *millim.*

On connaît deux états de cette planche:

I. Avant la lettre. Très-rare. Dans la marge supérieure, au milieu, le monogramme *IV*, à rebours.

II. Avec la lettre *. On lit au sommet du médaillon qui entoure le portrait: BERNARD BELIDOR. Sur le devant du socle les quatre vers suivants:

Animé des bienfaits du plus puissant des Rois,
Deux Elémens fougueux ont partagé ma vie:
Je prescris leurs effets, j'en expose les Loix,
Pour les assujetir au joug de l'industrie.

Sous le trait carré, à gauche: *Peint par L. Vigée;* et à droite: *Gravé par J. G. Will en* 1750.

---

* Les épreuves de cet état se trouvent en tête de l'ouvrage de Bélidor intitulé: *Architecture hydraulique Seconde Partie. Paris* 1750, 2 vol. in-4°.

Ce portrait a été copié par Adam pour une édition de 1819.

134. ***Francois Marie Arouet de Voltaire, Poëte et Littérateur.***

D'après Charles Eisen : 1751.

Buste posé sur un piédestal : la tête est vue de trois quarts et tournée vers la gauche. De chaque côté du piédestal se tient debout un Génie ailé, ayant à ses pieds différents attributs. Au dessus de la tête de Voltaire, plane un Amour qui tient d'une main une lyre et de l'autre une trompette. Dans le fond se voit le temple de Mémoire, sur les degrés duquel le Temps s'est arrêté. Dans la marge, à gauche : *Ch. Eisen Inv.;* et à droite : *Gravé par Noël le Mire* 1751. La tête seule de ce portrait a été gravée par Wille.

Hauteur: 104 *millim. Largeur:* 58 *millim.*

On connaît deux états de cette planche :

I. Avant la retouche *. Les épreuves de cet état sont claires, et la tête de Voltaire y est pleine de finesse. On les reconnaît au temple du fond, dans lequel le globe du soleil n'est pas exprimé.

II. Retouché. La planche a subi de nombreuses retouches, qui ont rendu l'estampe lourde, et la tête de Voltaire presque méconnaissable. Le globe du soleil est exprimé derrière les colonnes, dans le temple.

---

* Les épreuves de cet état se trouvent en tête des Oeuvres de Voltaire. Paris, 1751, 11 vol. pet. in-12, et Paris, 1757, 22 vol. in-12.

135. *Charles-Etienne Briseux, Architecte.*

1742.

Il est tourné vers la droite, la tête vue de trois quarts et coiffée d'une perruque. Médaillon ovale, posé sur un socle.

Hauteur: 304 *millim. Largeur:* 212 *millim.*

On connaît deux états de cette planche:

I. Avant la lettre. Rare. Dans la marge supérieure, au milieu, se voit le monogramme *W* à rebours.

II. Avec la lettre*. On lit sur le socle qui soutient le médaillon, à gauche: *J. G. Will del. et sculp.* et au devant, dans un cartouche ménagé à cet effet: *C. E. Briseux Architecte***.

136. *Pierre Boudou, Chirurgien.*

1743.

Il est tourné vers la gauche, et éclairé par la droite. Sa tête, couverte d'une perruque, est vue presque de face. Ses épaules sont couvertes d'un manteau largement drapé. Médaillon ovale, posé sur un socle. On distingue, mais avec peine, sous le trait carré, au milieu du haut, le monogramme *W*, à rebours. Autour du médaillon se lit: *Petrus Boudou Chirurgus Nosocomii Parisiensis Primarius.*; sur le socle, à droite: *C.*

---

* Les épreuves de cet état se trouvent en tête de l'ouvrage de Briseux intitulé: *Traité du beau essentiel dans les arts, appliqué particulièrement à l'architecture.* Paris 1752, 2 vol. in-4°.

** Les épreuves se vendaient chez Wille quatre livres.

L. Duflos Sculp. et au devant, dans un cartouche :

Optimè merito Avunculo
Offerebat Matth. Doublet
Chirurgus Parisiensis. 1743.

Hauteur: 154 *millim. Largeur:* 106 *millim.*

137. *Claude Nicolas Le Cat, Chirurgien.*

D'après Thomiers: 1747.

Il est tourné vers la gauche et, éclairé par la droite; la tête vue de trois quarts est couverte d'une perruque. Médaillon ovale, placé sur un socle. La robe du personnage, doublée de fourrure, est posée dessus.

Hauteur: 178 *millim. Largeur:* 105 *millim.*

On connaît quatre états de cette planche.

I. Avant la lettre. Rare. Dans la marge supérieure, au milieu, le monogramme *W*, à rebours.

II. Avec la lettre en quatre lignes. On lit sur le socle: CLAUDE NICOLAS LE CAT *des Academies de Paris, Londres, et Rouen. Gravé l'an de son âge et du Siecle 47. par Will.*

III. Avec la lettre en cinq lignes. On lit sur le socle: CLAUDE NICOLAS LE CAT *des Academies Roiales de Paris, Londres, Madrid, Berlin et Imperiale des curieux de la Nature, Secretaire perpet*[el] *de celle de Rouen. Gravé l'an de son âge et du Siecle 47. par Will.* et sousle trait carré à gauche: *peint par Thomiers.*

IV. Avec la lettre en six lignes. L'inscription antérieure a été effacée et remplacée par celle-ci: CLAUDE NICOLAS LE CAT *Ecuyer Doct. en Med. et 1*[er] *Chirurg. de l'Hotel-Dieu de Rouen, Profess. Demonst. Royal des Academ. de Paris, Londres., Madrid, Berlin, des Academies Imperiales des Curieux de la nature et de Saint Petersbourg, de l'Institut de Bologne, Secretaire perpetuel de l'Academie des Sciences de Rouen &c.* dans la marge, sous le trait carré, à gauche: *Peint par Thomiers,* et à droite : *Gravé l'An de son Age et du Siecle 47 par Will.*

138. *François Quesnay, Médecin.*

D'après Jean Chevalier: 1747.

Assis dans son cabinet, près d'un bureau sur lequel il appuie son coude, le célèbre medecin tient un volume de la main gauche, et semble livré à de profondes réflexions. Une bibliothèque se voit dans le fond. Dans le bas de la gauche, près du bureau, sont quelques volumes et des feuillets détachés.

Hauteur: 449 *millim. Largeur:* 354 *millim.*

On connaît deux états de cette planche:

I. Avant la lettre. Rare. Dans la marge supérieure, à côté d'un essai de burin, le nom de *Will* à rebours.

II. Avec la lettre. On lit sur un des feuillets dont nous avons parlé, dans le coin gauche du bas de l'estampe: *Jussu et impensis Celsiss. D. Ducis de* VILLEROY. Sous le trait carré, à gauche: *J. Chevallier pinxit* 1745.; à droite: *J. G. Will Sculpsit* 1747; et dans la marge: *Franciscus Quesnay in utrâque Medicinâ Magister, Academiae Reg. Chirurg. Paris. Secretarius, et Scholae Profess. Regius; è Reg. Scientiar. et liberal. art. Academ. Lugdun. et Medicus Celsiss. et Potentiss. Ducis de* VILLEROY.

139. *François Quesnay, Médecin.*

D'après Jean Chevalier.

Vu de face, et la tête légèrement inclinée vers la droite, d'où vient le jour, il est vêtu d'une robe bordée de fourrure, et porte la perruque. Sa tête repose sur sa main droite. Dans un médaillon ovale, posé sur un socle.

Hauteur: 146 *millim. Largeur:* 86 *millim.*

On connaît trois états de cette planche:

I. Avant la lettre. Rare. On lit dans la marge supérieure, au milieu: *Will* en caractères très fins, à rebours.

II. Avec la lettre. On lit sur le Socle: F. QUESNAY. *In utrâque Medicinâ, Magister,* sous le trait carré, à gauche: *J. Chevallier pinxit.,* et à droite: *J. G. Will. Sculp.*

III. Avec la lettre et la dédicace. On lit sur le socle: F. QUESNAY. *Regi à Consiliis Medicus. Off. R. Caumont Consiliar. Regis Medicus &c.*

140. *François Chicoÿneau, Médecin.*

D'après Pierre le Sueur: 1744.

Vu jusqu'aux genoux, et représenté en robe de docteur, il est tourné vers la gauche et assis dans un fauteuil. Sa main droite est posée sur un volume d'Hippocrate: l'autre tient une plume. On voit dans le fond l'intérieur d'un appartement: un rideau retombe à droite.

Hauteur: 164 *millim. Largeur:* 127 *millim.*

On connaît trois états de cette planche:

I. Avant la lettre. Rare. Dans la marge supérieure, au milieu, le monogramme *W.*

II. Avec la lettre en deux lignes. Dans la marge inférieure, sous le trait carré, à gauche: *P. le Sueur Pinxit;* à droite: *J. G. Will Sculp.* 1744. et dans le courant de cette marge: *Franciscus Chicoyneau.*

III. Avec la lettre en trois lignes. L'inscription qui précède a été remplacée par celle-ci: *Franciscus Chicoyneau, Regi a Sanctioribus Consiliis Archiatrorum Comes.*

141. *Daniel le Chambrier.*

Colonel d'un régiment Suisse: 1742.

Il est vu à mi-corps, et tourné vers la gauche. Son corps est couvert d'une cuirasse, et sa tête coiffée d'une perruque. Dans un médaillon ovale, posé sur un socle. Cette estampe est entièrement gravée par Wille, à l'exception de la tête du personnage.

Hauteur: 360 *millim. Largeur:* 258 *millim*

On connaît deux états de cette planche:

I. Avant la lettre.

II. Avec la lettre. On lit sur le socle des deux cotés des armes: *G. F. Schmidt sculps. à Paris;* et au devant: *Mess^re^ Daniel le Chambrier, Chev^er^ General Major et Colonel d'un Regim. Suisa serv^ce^ de L. L. H. H. P. P. les Etats-Gén. des Prov^ces^ Unies.*

142. *De Garsault.*

D'après Jean Louis Tocqué.

Petit portrait dans une bordure ovale. *Will sc.* sans le nom de Tocqué ni de Garsault. (Catalogue Paignon Dijonval n° 8268.).

143. ***Lescalopier, Intendant de Montauban en 1740, et de Tours, de 1756 à 1766.***

Buste tourné vers la droite, la tête vue de trois quarts. Le corps est couvert d'un habit qui laisse entrevoir une riche veste et une chemise à jabot de dentelle. Par-dessus l'habit passe un manteau relevé sur l'épaule gauche.

Ovale, sans noms d'Artistes. La planche est coupée à ras la gravure, ce qui porterait à croire que cette estampe a été gravée pour une thèse*.

Hauteur: 153 *millim. Largeur :* 125 *millim.*

144. ***Magdeleine de Scudéri.***

1739.**

Elle est dirigée vers la droite, la tête vue de trois quarts, et tournée du même côté. Ses cheveux tombent en boucles, et son cou est orné d'un collier de perles. *Elisab. Cheron pinx = J. G Will Sculp.* MAGD.NE DE SCUDERI. *Morte à*

* Ce portrait a passé pendant longtemps pour celui d'un Intendant de Bordeaux : du moins c'est ainsi qu'il est indiqué dans plusieurs catalogues ; cependant la planche existe aujourd'hui encore dans la famille des *Lescalopier*, qui assurent que cette estampe représente un de leurs ancêtres, et nous nous sommes rangés à cette assertion : du reste nous devons ces détails à l'obligeance de Mr Soliman Lieutaud qui a publié une *liste de portraits omis dans le Père Lelong*, et qui s'occupe en ce moment de faire un supplément à cet important ouvrage.

** De l'Académie des Ricovrati à Padoue. Note du libraire-éditeur R. W.

Paris le 2 Juin 1701. Agée de 95 ans. A Paris chez Odieuvre Md d'Estampes rue d'Anjou la dern. P. Cochere a gauche entrant par la rue Dauphine. C. P. R. Voyez le n° 118.

Hauteur: 142 *millim. Largeur:* 100 *millim.*

On connaît deux états de cette planche:

I. Avec l'adresse d'Odieuvre : c'est celui que nous venons de décrire.

II. Cette adresse est effacée.

145. ***Elisabeth de Gouy, femme de H. Rigaud.***

D'après Hyacinthe Rigaud: 1743.

Tournée vers la droite et regardant de ce côté, la femme de Rigaud est vêtue d'une robe bordée de dentelles, et recouverte d'un riche manteau. Dans une fenêtre, au bas de laquelle est ménagé un cartouche. A gauche de cette fenêtre et sur le devant retombe une large draperie.

Hauteur: 454 *millim. Largeur:* 339 *millim.*

On connaît deux états de cette planche:

I. Avant la lettre. Très-rare *. On lit dans la marge supérieure, au milieu et contre le bord de l'estampe, *Will* en caractères romains, à rebours.

II. Avec la lettre. Sur la tenture attachée au devant du cartouche du bas, sous la fenêtre: *Elizabeth de Gouy Femme de Hyacinthe Rigaud, Ecuier noble Citoen de Perpignan, Chevcr de l'ordre de St Michel, Rectr et ancien Directr de*

---

* On trouve de ces épreuves avant l. l. qui ne me semblent pas être très-rares; dans ces exemplaires la lettre gravée dans le IIe état, est écrite avec de l'encre. Note du libraire-éditeur R. W.

l'Acie Royale de Peintre et de Sculpre; sous le trait carré, à gauche : *Peint par Hyathe Rigaud Chevalier de l'ordre de St Michel* et à droite : *Gravé par Jean Georges Will à Paris* 1743.

Nota. La planche de cette estampe faisait partie du fonds de Made Ve Jean. Les épreuves se vendaient cinq francs.

146. *Marguerite Elisabeth de Largillière, fille de Nicolas de Largillière.*

D'après Nicolas de Largillière : 1738.

Elle est tournée vers la droite, d'où vient le jour. Sa tête, vue presque de face, est élégamment coiffée; des fleurs et des pierreries sont arrangées dans les cheveux. Sa robe est garnie de riches dentelles, et decolletée. Deux ou trois oeillets sont fixés au devant d'un large manteau qui recouvre cette robe. On voit, dans le fond de la droite, une fenêtre donnant sur un jardin. Médaillon ovale, posé sur un socle.

Hauteur : 326 *millim. Largeur :* 235 *millim.*

On connaît deux états de cette planche :

I. Avant la lettre. Très-rare.

II Avec la lettre. On lit sur la face horizontale du socle, à gauche : *N. De Largilliere Pinx.*, et à droite : *J. G. Will Sculp.* Sur la face verticale, dans un cartouche : MARGUERITE ELISABETH DE LARGILLIERE *fille de Nicolas De Largilliere Directeur, Recteur et Chancelier de l'Academie Royale de Peinture et Sculpture.*

Nota. La planche de cette estampe faisait partie du fonds de Made Ve Jean. Les épreuves se vendaient cinq francs *.

* Les épreuves se vendaient chez Wille deux livres.

PORTRAITS ÉTRANGERS.

1. SOUVERAINS, PRINCES et PRINCESSES.

---

147. *Pierre I, Empereur de Russie.*

Le Czar est tourné vers la droite; sa main gauche s'appuie sur la couronne. Il est couvert d'une cuirasse, par dessus laquelle est agraffé le manteau impérial. La tête seule de ce portrait a été gravée par *Soubeyran*, le reste est dû au burin de *Wille*.

Hauteur: 323 *millim.* *Largeur:* 253 *millim.*

On connaît deux états de cette planche.

I. La tête seule est gravée. Extrêmement rare.

II. Avec la lettre. La planche terminée et portant le nom de P. Soubeyran.

147 bis. *Philippe V, Roi d'Espagne.*

D'après Vanloo : 1744.

Le Prince est vu presque jusqu'aux genoux, et tourné vers la gauche. Coiffé d'une grande perruque, il est couvert d'une cuirasse, sur laquelle passe le cordon avec la croix de l'ordre du St

---

* Le Catalogue Moerse dit: D'après *L. Caravac par P. Soubeyran et Wille.* Note du libraire-éditeur R. W.

Esprit. Sa main gauche tient le bâton du commandement.

Cette estampe est entièrement gravée par Wille, à l'exception de la tête du personnage.

Hauteur: 310 *millim. Largeur:* 260 *millim.*

On connaît trois états de cette planche:

I. Non terminé. La cravatte du personnage et la queue de sa perruque ne sont pas gravées; les témoins du cuivre sont à huit millimètres de l'ovale formé par le portrait.

II. Encadré dans un médaillon ovale, sans ornements. La planche extérieure représente un médaillon ovale posé sur un socle. On lit autour du médaillon: *Philippus Quintus Hispaniarum et Indiarum Rex.:* sur le socle, à gauche: *Vanloo Effig. Pinx.*, à droite: *Schmidt sculp.* et au devant *Offerebat Antonius Josephus Diaz Hispalensis.*

III. Encadré dans un médaillon ovale entouré d'ornements. La planche est tronquée, par le bas, pour recevoir le sommet des armes d'Espagne gravées sur une planche extérieure; celle-ci représente, entre autres ornements, deux lions couchés dans le bas, et, dans le haut, deux cornes d'abondance avec des drapeaux, &c. On lit dans la bordure figurée autour du portrait, sur la planche extérieure: *Offerebat Antonius = Josephus Diaz hispalensis;* et au dessous: *Wanloo pin = Schmith Sculp = effigiem = Cars ex.*

148. *Charles, prince de Galles.*

D'après Jean Louis Tocqué: 1748.

Le prince de Galles est tourné vers la droite, la tête vue presque de face. Son corps, couvert d'une cuirasse, est entouré d'un large manteau doublé d'hermine. Les insignes de l'ordre de la jarretière sont figurés sur ce manteau, mais on n'en voit qu'une partie, avec ces mots *Honi. soi.* Sujet encadré dans une fenêtre cintrée et décorée de motifs d'architecture.

Hauteur: 447 millim. Largeur: 324 millim.

On connaît deux états de cette planche:

I. Avant la lettre. Très-rare. (Catalogue Valois.)

II. Avec la lettre. Snr l'appui de la fenêtre figurée autour du sujet, des deux côtés des armes du prince: CAROLUS WALLIAE PRINCEPS &c. &c &c. Dans la marge, au milieu: *Peint par L. Tocqué 1748. et Gravé par J. G. Will en la même année.*

Nota. La planche de cette estampe faisait partie du fonds de Mad^e Ve Jean. Les épreuves se vendaient six francs.

149. *Charles Edouard, dit le Prétendant, fils aîné de Jacques III, roi d'Angleterre.*

1744.

Charles Edouard est tourné vers la droite. Sa tête est vue de face, et son corps couvert d'une cuirasse. Médaillon ovale, posé sur un socle. On lit autour de ce médaillon, en commençant par le bas de la gauche: CHARLES EDOUARD, FILS AINÉ DE JACQUES STUARD, NÉ A ROME, LE 31 *Décembre* 1720. Au bas du cartouche ménagé au devant du socle: *Gravé par J. Daullé graveur du Roy.* 1744.

150. *Henri Benoît, Duc d'Yorck, second fils de Jacques Stuard.*

Le Duc d'Yorck est éclairé par la droite et tourné vers la gauche, la tête vue de trois quarts. Son corps est couvert d'une cuirasse sur laquelle passe une écharpe. Médaillon ovale, posé sur un socle.

Hauteur: 226 *millim. Largeur:* 163 *millim.*

On connaît deux états de cette planche :

I. Avant la lettre. Rare. Dans le milieu de la marge supérieure on voit le nom *Will* à rebours.

II. Avec la lettre. On lit sur la face horizontale du socle, à droite : *Gravé à Paris par Will;* et sur la face verticale : HENRI BENOIST, 2d. *Fils de* JACQUES STUARD *né à Rome le* 25. *Mars* 1725.

Nota. La planche de cette estampe faisait partie du fonds de Mad. Ve Jean. Les épreuves se vendaient trois francs.

151. *Frédéric II, Roi de Prusse.*

D'après Antoine Pesne : 1757.

Vu à mi-corps, il est tourné vers la gauche. Sa tête, coiffée d'un chapeau galonné, se voit de trois quarts. Sa poitrine est décorée du ruban et des insignes de l'ordre de l'Aigle noir, avec la devise *Suum cuique*. A gauche passe un bout de manteau doublé d'hermine. Médaillon ovale posé sur un socle.

Hauteur: 379 *millim. Largeur:* 275 *millim.*

On connaît deux états de cette planche :

I. Avant la lettre. Très-rare.

II. Avec la lettre. On lit dans la marge supérieure, à 55 millimètres de l'angle droit, l'année 1757, tracée à la pointe. Sur la face verticale du socle : FRÉDERIC. II. ROI De PRUSSE Electeur de Brandebourg ; enfin, dans la marge, sous le trait carré, à gauche. PESNE P ; et à droite : WILLE S.

Nota. La planche de cette estampe faisait partie du fonds de Mad. Ve Jean ; les épreuves se vendaient six francs.

152. *Frédéric II, Roi de Prusse.*

D'après Antoine Pesne.

Le Roi de Prusse est tourné vers la droite, la tête vue de trois quarts, et coiffée d'une perruque, dont l'extrémité retombe sur les épaules. Son corps, couvert d'une cuirasse, est entouré d'un manteau ; son bras droit porté en avant comme pour faire une indication. Médaillon ovale posé sur un socle.

Hauteur : 230 *millim. Largeur :* 165 *millim.*

On connaît deux états de cette planche :

I. Avant la lettre. Très-rare. On voit, au milieu de la marge supérieure, *Will* en caractères à rebours.

II. Avec la lettre. Rare. Sur la face horizontale du socle, à gauche : *Peint par Pesne ;* et à droite : *Gravé par Will.* sur la face verticale : FREDERIC II. ROI DE PRUSSE *Electeur de Brandebourg, né à Berlin le* 24. *Janvier* 1712. et sous le trait carré, dans le milieu de la marge : *A Paris chez Will Quay des Augustins entre les rues Gille-coeur et Pavée chez M. Emery.*

Nota. Il existe une copie de cette estampe.

153. *Frédéric II, Roi de Prusse.*

D'après Antoine Pesne : 1743.

Il est légèrement incliné vers la droite, d'où vient le jour, la tête se présentant presque de face. Le corps est couvert d'une cuirasse que recouvre le manteau royal, doublé d'hermine et agraffé par devant. Médaillon ovale, posé sur un socle.

Hauteur : 148 *millim. Largeur :* 104 *millim.*

On connaît deux états de cette planche :

I. Avec le nom de Will. On lit, autour du médaillon, en commençant par le bas de la gauche : CHARLES FREDERIC, ROY DE PRUSSE ELECTEUR DE BRANDEBOURG *Né à Berlin le* 24 *Janvier* 1712. sur la face horizontale du socle, à gauche : *Pesne pint à Berlin ;* et à droite : *J. G. Will S. à Paris.* Sur la face verticale ces quatre vers :

S'il fut, par sa naissance, au Trône destiné,
Les droits de ses vertus sont ils moins légitimes?
Héros dans ses actions, Heros dans ses Maximes,
Il est Roy philosophe et Soldat couronné.

Par Mr le Chevalier de Neufville ; et sous le trait carré : *a Paris chez Petit rue S. Jacques à la Couronne d'épines pres les Mathurins.*

II. Avec le nom effacé. Le nom de Will a été gratté, et les tailles reprises, mais non sans laisser quelques traces de ce nom.

154. *Charles Théodore, Electeur et Comte Palatin.*

D'après Jean Georges Ziesenis : 1748.

Eclairé par la gauche et tourné vers la droite, Charles Frédéric porte la palatine d'hermine, sur laquelle retombent la chaine et la croix de l'ordre de St Hubert. Médaillon ovale que surmonte la couronne d'Electeur.

Hauteur de l'ovale: 189 *millim. Largeur:* 164 *millim.*

On connaît trois états de cette planche:

I. Avec la lettre, mais avant les noms des Artistes. Très-rare. On lit autour du médaillon: CAROLUS THEODORUS, COM. PAL. RH. S. R. I. ARCHI-THESAURARIUS, ELECTOR &c. La croix qui surmonte la couronne d'Electeur est toute blanche.

II. Avec les noms des Artistes dans le bas de la planche. Rare. Dans la marge supérieure, à 2 millimètres de la croix qui est teintée de tailles verticales: MAGNUS PRO DEO, ET POPULO AEMULATOR. Dans le bas de la planche, à 7 millimètres de l'ovale: *Magnus Magnorum Carolus Theodorus Avorum, Pro Populo Princeps Aemulus, atque Deo*, et au dessous, dans le coin gauche: *J. G. Ziesenis pinx.* et dans le coin droit: *J. G. Wille sculp.*

III. Avec les noms des Artistes sous le médaillon. L'inscription qui se trouvait dans le haut de la planche n'existe plus. Le distique de la marge inférieure a été conservé, mais les noms des artistes, au lieu de se voir dans les angles du bas, se lisent sous le bord du médaillon; à gauche: *J. G. Ziesenis pinx.* et à droite: *J. G. Wille sculp.*

155. *Elisabeth Augusta, femme de Charles Théodore, Electeur et Comte Palatin.*

D'après Jean Georges Ziesenis: 1748.

Elle est tournée vers la gauche, d'où vient le jour. Sur sa tête se voit une aigrette en pierreries. Son corps, vêtu d'une robe à manches courtes, garni de dentelles, est entouré d'un manteau doublé d'hermine. Médaillon ovale surmonté de la couronne d'Electeur.

Hauteur: 228 *millim. Largeur:* 166 *millim.*

On connaît trois états de cette planche:

I. Avec la lettre, mais avant le nom des Artistes. Très-rare. On lit autour du médaillon: ELISABETHA AUGUSTA, COMES PALATINA RHENI, ELECTRIX &c. La croix qui surmonte la couronne d'Electeur est toute blanche.

II. Avec le nom des Artistes dans le bas de la planche. Rare. Dans la marge supérieure, à deux millimètres au dessus de la croix, qui est teintée de traits verticaux: ELECTA PRO DOMO, ET PATRIA MATER. Dans la marge inférieure, à cinq millimètres du médaillon: *Elisabeth patriae Patris Electissima Conjunx, Et Mater Patriae, Mater et alma Domûs.* Dans le coin de gauche: *J. G. Ziesenis pinx.* et dans celui de droite: *J. G. Will sculp.*

III. Avec le nom des Artistes sous le médaillon. L'inscription de la marge supérieure a été grattée, celle du bas conservée. On lit sous le bord du médaillon, à gauche: *J. G. Ziesenis pinx.* et à droite: *J. G. Wille sculp.*

156. *Charles Frédéric, Margrave de Bade d'Urlach.*

D'après J. F. Guillebaud: 1745.

Charles Frédéric est vu à mi-corps, et tourné vers la droite. Sur son corps, couvert d'une cuirasse, s'agraffe un manteau doublé d'hermine et décoré de la plaque de l'ordre de la Fidélité. Une de ses mains est posée sur la couronne d'Electeur qui se voit à droite. Médaillon ovale, posé sur un socle. Au milieu du bas se trouvent les armoiries du personnage, posées en partie sur le médaillon, en partie sur le socle.

Hauteur : 226 *millim.* *Largeur :* 166 *millim.*

On connaît deux états de cette planche :

I. Avant la lettre. Rare. On lit, dans la marge supérieure, au milieu, le nom *Will* à rebours.

II. Avec la lettre. Au sommet du médaillon : CHARLES FREDERIC : et dans le bas, séparé en deux par les armoiries : *Margrave de Bade et Hachberg &c. &c. &c. agé de XVII. ans.:* sur la face horizontale de la console, à gauche : *Peint par J. F. Guillibaud ;* à droite : *Gravé par Will ;* sur la face verticale :

Du Prince que tu vois le rang et la naissance
Sont les Titres les moins flateurs ;
Il ne se sert de sa Puissance
Que pour soumettre tous les Coeurs.

Enfin, dans la marge, sous le trait carré : *A Lausanne et à Genève, chez* MARC MICHEL BOUSQUET *et Comp*[e] 1745 *.

Nota. Les épreuves de cet état se trouvent en tête d'une édition de *l'Essai sur l'Homme, de Pope,* traduit par Silhouette, et dont la dédicace est adressée au Margrave. Cette édition, de format in-4°, a paru à Lausanne en 1745, chez Marc Michel Bousquet, et fut réimprimée en 1762, aux frais de Marc Chapuis, libraire de la même ville.

157. *Léopold, Prince d'Anhalt-Dessau.*

1738.

Le Prince est tourné vers la gauche, la tête vue de trois quarts, et coiffée d'un chapeau à larges bords retroussés, au dessus desquels s'élève,

* Les épreuves se vendaient chez Wille trois Livres six sous.

sur le devant, une branche de lauriers. *Pesne pinx. A Berlin = I. G. Will sculp A Paris.* LEOPOLD PRINCE D'ANHALT DESSAU. *Généralissime des Armées du Roi de Prusse et Geñal Feldt Marschal de l'Empire. A Paris chez Odieuvre Md d'estampes rue d'Anjou la derniere P. Cochere à gauche entrant par la rue Dauphe C. P. R.* Voyez le nº 118.

Hauteur: 142 *millim. Largeur:* 102 *millim.*

On connaît deux états de cette planche:

I. Avec l'adresse d'Odieuvre. C'est celui que nous venons de décrire.

II. Cette adresse est effacée.

2. ECCLÉSIASTIQUES.

---

158. *Prosper de Sciarra Colonna, Cardinal.*

D'après Pompeo Battoni: 1754.

Portrait à mi-corps, la tête vue de trois quarts. Couvert du rochet et de la mozette, le Cardinal pose la main droite sur son bonnet placé, près de lui, sur une table: de l'autre main, il tient un papier.

Hauteur: 225 *millim. Largeur:* 170 *millim.*

On connaît trois états de cette planche:

I. Avant la bordure et la lettre. Très-rare. Dans la marge supérieure, le nom de *Will* à rebours.

II. Avec la bordure et la lettre, mais avant les armes. Rare. Une bordure, large de sept millimètres, entoure l'estampe. Il y a de plus dans le bas une marge de vingt-cinq millimètres, teintée de tailles verticales, et sur laquelle se lit la lettre, ainsi diposée, en cinq lignes :

PROSPER S. R. E. CARDINALIS COLUMNA DE SCIARRA AN. XLVI.

Si virtutem animi picte mandare tabelle,
Sic foret, ut filum ducitur exterius:
Nil HAEC *preterea vellet sibi,* MAGNE COLUMNA
Omnes quo posset vincere Parrhasios.

A gauche : *Pompejus Battoni Pinxit, et del.;* à droite : *J. G. Wille Sculpsit* 1754 ; enfin entre la marge et la bordure, dans un espace blanc, à droite : *a paris.*

III. Avec la bordure, la lettre et les armes. Au lieu de l'inscription précédente, se trouve celle qui suit, imprimée au moyen d'une planche rapportée, avec les armoiries au milieu : *Prosper S. R. E. Cardinalis Columna de Sciarra Ann. XLVI.* à gauche : *Pompejus Battoni pinxit et del.* et à droite : *I. G. Wille Sculpsit* 1754.

159. *Nerée Marie Corsini, Cardinal.*

Il est tourné vers la gauche. Dans un médaillon ovale, posé sur un socle.

Hauteur : 288 *millim. Largeur :* 212 *millim.*

On connaît trois états de cette planche :

I. Avant le nom de Wille, et avant toute lettre. (Catalogues Kreuchauf et Einsiedel.)

II. Avant les armes. (Catalogue Winckler).

III. Avec les armes. On lit à gauche : *L. Cars;* et à droite, dans la marge du bas, à la pointe sèche : *J. G. Will f.* (Catalogue Paignon-Dijonval *).

* Catalogue d'Einsiedel. Note du libraire-éditeur R. W.

160. *Henri Benoist, évêque de Bâle.*

Vu à mi-corps, il est tourné vers la gauche. Sa tête est couverte d'une petite calotte, et sa poitrine est décorée d'une chaîne avec la croix épiscopale. De la main gauche il tient un livre posé sur une table. Dans la marge de l'ovale on lit: *J. G. Will. sc.* Médaillon ovale. Très-rare.

Hauteur: 194 *millim. Largeur:* 160 *millim.*

161. *Emmanuel Pinto, Grand-Maitre de Malte.*

1744.

Le grand-maître est tourné vers la droite, d'où vient le jour. Sa tête est vue presque de face. Il porte une robe bordée d'hermine, avec la croix de Jérusalem figurée sur la poitrine. Médaillon ovale posé sur un socle.

Hauteur: 276 *millim. Largeur:* 184 *millim.*

On connaît quatre états de cette planche:

I. Avant toute lettre. Très-rare.

II. Avec la lettre, mais avant le nom de Daullé. Rare. On lit, sur la face verticale du socle, dans un cartouche: FR. D. EMMANUEL PINTO DELLA VENERANDA LINGUA DI GASTIGLIA E PORTOGALLO, ELETTO GRAN MAESTRO DELLA SACRA RELIGIONE GIEROSOLIMITANA LI 18. GENNAJO L'ANNO 1741.

III. Avec la lettre et le nom de Daullé. Sous le trait carré, dans le milieu de la marge inférieure: *Gravé par J. Daullé Graveur du Roy.* 1744.

IV. Sans entourage : la planche réduite au portrait seul. La planche a été coupée tout à l'entour du portrait.

L'estampe porte : *Hauteur:* 146 *millim. Largeur* : 116 *millim.* [1]

3. DIVERS.

162. *Cort Siversen Adeler, Grand-Amiral de Danemarck.*

Adeler est éclairé par la droite, et incliné vers la gauche. Sa tête est vue presque de face. La main droite appuyée sur la hanche, il tient, avec la gauche, le bâton de Grand-Amiral. Sur sa poitrine figurent une chaîne et des croix honorifiques. Le fond représente, à gauche, un combat naval. Sujet entouré d'ornements entrelacés de

---

[1] Les épreuves de cet état ont servi à décorer une thèse dédiée par Th. Grech, Chanoine de Metz, à son Eminence Emmanuel Pinto. Cette thèse se compose de deux morceaux. Celui du haut offre le portrait du Cardinal, soutenu par la Gloire et la Renommée : à gauche, on voit dans le ciel la Religion, et au dessous l'Hérésie représentée par deux hommes terrassés ; dans le bas de la droite se trouve l'Histoire, et le Temps endormi près d'elle. L'inscription suivante se lit au milieu : *A Paris chez Hecquet place Cambray a Limage S. Maur.* Dans le morceau inférieur, où se voient les armes du personnage et au dessous le texte de la thèse, on lit vers le bas : *Boucher Pinxit A Paris ches Hecquet place Cambray a Limage S. Maur.*

chaînes. Dans le bas, contre une espèce d'appui, devant Adeler, sont placées les armoiries que lui donna Frédéric III, en récompense de ses services. Au dessous se voient la marque de l'ordre de St Marc, et la croix de l'ordre de Danebrog, qui lui fut conféré par Christian V en 1671. A droite et à gauche des armes, on remarque des Ottomans enchaînés; allégorie aux nombreux revers que fit essuyer aux armes de la Turquie le grand Amiral de Danemarck, dans le principe lieutenant-amiral de la république de Venise.

Hauteur: 156 *millim.* *Largeur:* 100 *millim.*

On connaît deux états de cette planche.

I. Avant la lettre. Très-rare. Dans la marge supérieure, au milieu le monogramme *W*, à rebours. La chaîne d'or qui soutient au dessous des armoiries la croix de Danebrog n'est pas terminée et ressemble à un simple ruban.

II. Avec la lettre. On lit dans le bas de l'estampe, autour de la chaîne d'or de chevalier de l'ordre de Danebrog, en commençant par le haut de la gauche:

CORT ADELER

et dans la marge inférieure: *Will ef: Sculp.*

Les épreuves de cet état décorent l'ouvrage de Tycho Hofman. Voyez le numéro qui suit.

163. *Tycho Hofman, gentilhomme danois.*

1745.

Il est tourné vers la droite, d'où vient le jour. Coiffé d'une perruque, Hofman est vêtu d'un habit de velours, sous lequel on voit une veste à larges boutonnières, avec un jabot garni de dentelles. Son corps est entouré d'un manteau. Le fond offre, à droite, un rideau qui retombe, et, à gauche, une bibliothèque. Médaillon ovale posé sur un socle, où sont placés des livres, une écritoire et les armoiries du personnage.

Hauteur: 168 *millim.* *Largeur:* 118 *millim.*

On connaît six états de cette planche:

I. Avant la lettre, seulement avec les noms des Artistes tracés à la pointe. (Catalogue Wilson.)

II. Encore avant la lettre, mais avec les noms des Artistes, gravés au burin. (Catalogne Wilson.)

III. Avec la lettre en français *. On lit sur la face du socle: TYCHO HOFMAN. *Sécrétaire de la Chancelerie du Roi de Dannemark et de Norvegue &c. &c. Membre de la Société Roïale de Londres.* Dans la marge, sous le trait carré, à gauche: *Peint par L. Tocqué*; et à droite: *Et Gravé par J. G. Will en* 1745.

IV. Avec la lettre en latin. L'inscription a été effacée sur la face du socle, et remplacée par celle-ci:

---

* Les épreuves de cet état sont placées en tête du deuxième volume de l'ouvrage de Tycho Hofman intitulé: *Portraits historiques des hommes illustres de Dannemark.* Sans indication d'auteur ni de lieu d'impression (*Amsterdam*) 1746, 2 vol. in-4°.

En tibi me sculptum: Si sculptum poscis in oere,
Insculpas cordi me, precor, ipse tuo.

V. Avec la lettre en danois. Au lieu de l'inscription latine, on lit: TYCHO DE HOFMAN *Assessor u di Hof-Retten, og secreterer u di det Danske Cancelie* etc.; et dans la bordure de l'ovale on lit: *Natus* MDCCXIV. D. XV. DECEMBER, AET. XXXV.

VI. Avec la lettre on anglais. Au lieu des mots en Danois, on lit six vers anglais: *Few Know my Face*, etc. Tout au bas à gauche, on lit comme dans le I. et le 2e états: *Peint par L. Tocqué;* et à droite: *Et gravé par J. G.* 1747. Les épreuves sont devenues détestables.

164. *F. Berregard, Gentilhomme Danois.*

D'après Jean Louis Tocqué: 1745.

Berregard est tourné vers la gauche, la tête vue de trois quarts. Médaillon ovale.

On connaît trois états de cette planche:

I. Avant l'année 1745 et avant les accessoires. Rare. On lit sous le médaillon *L. Tocqué Pinx. J. G. Will sc.*

L'estampe, en cet état, porte:

Hauteur: 65 *millim. Largeur:* 55 *millim.*

II. Avant les accessoires, mais avec l'année. L'année 1745. a été ajoutée au dessus de l'ovale. Les noms des Artistes sont regravés d'une manière différente.

Mêmes dimensions.

III. Avec les accessoires*. Le médaillon est entouré d'ornements et de figures allégoriques; à droite, la Justice, et au dessous la Calomnie, figurée par deux hommes armés de poignards et terrassés: à gauche, c'est Minerve soutenant les armes du personnage; et au dessus de cette déesse deux

* Les épreuves de cet etat se trouvent, dans l'ouvrage de Tycho Hofman, en tête de l'épître dédicatoire, adressée à Berregard. Voyez le numéro qui précède.

Amours portant son chiffre formé d'un F et d'un B entrelacés. On lit sur le bord inférieur du médaillon, dans le bas: *Peint p. L. Toqué, gr. p. J. G. Will;* et contre le trait carré, dans l'intérieur de l'estampe, à la gauche du bas, *L'orn. d. par C. N. Cochin.* et vers la droite: *Gravé par S. Fokke.*

L'estampe en cet état porte:

Largeur: 133 *millim. Hauteur:* 85 *millim.*

165. *Olivier Cromwell.*

1739.

Olivier Cromwell est vu à mi-corps. Sa tête, de trois quarts, est tournée vers la gauche, et son corps armé d'une cuirasse. Sa main gauche tient le bâton du commandement. On aperçoit dans le fond une charge de cavalerie. *Lombad* (*sic* pour *Lombard*) *del. ad Vivum = J. G. Will Sculp.* OLIVIER CROMWEL, *Né en* 1603. *Mort à Londres, le* 13. *Septembre,* 1658. *A Paris chez Odieuvre, Md d'Estampes, quai de l'Ecole, vis a vis la Samarite à la belle Image. C. P. R.* Voyez le n° 118.

Hauteur: 140 *millim. Largeur:* 100 *millim.*

On connaît trois états de cette planche:

I. Avant toute lettre. Rare.

II. Avec l'adresse d'Odieuvre: C'est celui que nous venons de décrire.

III. Avec l'adresse effacée *.

* Dans le Catalogue d'Einsiedel se trouve indiqué un exemplaire de ce portrait entouré d'ornements imprimés par le moyen d'une planche accessoire.

166. *Alexandre Pope, Poëte.*

D'après Godefroy Kneller: 1745.

Il est dirigé vers la droite, la tête inclinée à gauche, et couverte d'un bonnet. Sur sa poitrine se croise une robe qui laisse voir le haut de la chemise. Médaillon ovale. Au dessus est une banderole où on lit à gauche: ALEX^{e} et à droite: POPE. Ce médaillon est soutenu par deux palmes croisées, dans lesquelles s'entrelacent des fleurs. Près du bord de la planche on lit à la gauche du bas: *Peint en* 1722 *par Kneller*, et à droite: *gravé par Will en* 1745.

Largeur de la planche: 126 *millim. Hauteur:* 74 *millim.*

Nota. Cette estampe se trouve sur le titre d'une édition de Pope imprimée à Lausanne chez Marc Michel Bousquet en 1745, et sur la réimpression de cette édition faite en 1762 par Marc Chapuis: Voyez Charles Frédéric *. **.

167. *Jérôme d'Erlach, Advoyer de la ville de Berne et Général Feldt-Maréchal de l'Empereur Charles VI.*

D'après le Chevalier Rusca.

Debout derrière une table qui occupe la gauche du premier plan, Jérôme d'Erlach tient de la

---

* Il n'a été tiré qu'une seule épreuve avant la lettre de cette estampe. (d'après une lettre de Wille placée dans notre collection). Note du libraire-éditeur Rudolph Weigel.

** Les épreuves avec la lettre se vendaient chez Wille trois livres six sous.

main droite le bâton d'Advoyer. Différents attri buts honorifiques sont placés sur la table. On voit, dans le fond, un casque posé sur un appui de pierre, à droite, et, de l'autre côté, un rideau largement drapé.

Hauteur: 396 *millim. Largeur:* 307 *millim.*

On connaît deux états de cette planche:

I. Avec la lettre en allemand. Rare. On lit dans la marge, des deux côtés des armoiries du personnage: *Hieronimus von Erlach des H: R: R: Graf, Herr zu Hindelbanck, Urtenen Bariswcil Matstetten, Seedorff. und Thunstetten des Rothen-Adlers und S. Huberti Ordens Ritter. Schultheiss der Stadt und Republik Bern. Irho Rom: Keys: und König: May: Carl des VI. Würckl Cammer Herr. General Feld-Marschall Leute: auch Obrister uber ein Regiment Fusvolck.* au dessous, en plus petits caractères: *Gebohren den* 31. *Marty* 1667. — *Gestorben den* 28 *February* 1748. enfin dans le coin gauche: *Gemahlet Von dem Ritter Rusca*, et dans le coin de droite: *Gegraben Von Will.*

II. Avec la lettre en français. Rare. Des deux côtés des armes: *Jerome D'Erlach Comte du Saint Empire Romain Seigneur de Hindelbanck, Urtenen, Barisweil, Matstetten, Séedorf et Thunstetten Advoyer de la Ville et Republiqne de Berne. Général Feldt Maréchal des Armées de sa Majesté Imperiale Charles VI. et son Chambellan actuel Colonel d'un Regiment d'Infanterie Suisse, et Chevalier de l'ordre de l'Aigle Rouge et de Saint Hubert. Né le* 31 *Mars* 1667. *Mort le* 28. *Fevrier* 1748. Dans l'angle gauche de la marge: *Peint par le Chev. Ruscat.* et dans l'angle droit: *Gravé par Will.*

Nota. Cette inscription est due à une planche de rapport, imprimée sur des épreuves dont la marge a été conservée toute blanche, à l'exception des armoiries, par le moyen d'un cache-lettre. Les épreuves avec cette inscription française sont, en conséquence, aussi belles que beaucoup d'épreuves tirées avec le texte allemand. Nous ajouterons qu'elles sont certainement plus difficiles à rencontrer.

168. *Jean Martin Preisler, Graveur.*

1743.

Il est incliné légèrement vers la droite, la tête tournée du côté opposé, vue presque de profil, et couverte d'un bonnet bordé de fourrure. Ses épaules sont entourées d'un manteau de velours, sous lequel on aperçoit le haut de la chemise et de la veste. Dans un médaillon ovale sous lequel est placé un cartouche de même forme.

Hauteur : 181 *millim. Largeur :* 126 *millim.*

On connaît deux états de cette planche :

I. Avant la lettre. Rare.

II. Avec la lettre. On lit dans le cartouche du bas : JEAN MARTIN PREISLER, *Graveur, Né à Nuremberg, le* 14 *Mars* 1715. *Dessiné et Gravé Par son Ami J. G. Will. à Paris* 1743.

Nota. La planche de cette estampe faisait partie du fonds de Mad[e] Ve Jean. Les épreuves se vendaient trois francs.

169. *Christian Wolff, Mathématicien et Philosophe.*

1741.

Buste dirigé vers la droite. La tête, vue de trois quarts, est tournée du côté opposé. Les épaules sont drapées dans un riche manteau qui laisse voir une cravate bordée de dentelle. *AD. Pinxit J. G. Will Sculpsit.* CHRISTIAN WOLFF. *Professeur des Mathématiq. Philosophie à Marbourg, des Academ. de Paris et Berlin. A Paris chez Odieuvre Md d'Est. rue d'Anjou la derniere P. Cochere à gauche entrant par la rue Dauphine. C. P. R.* Voyez le n° 118.

Hauteur: 140 *millim. Largeur:* 99 *millim.*

On connaît trois états de cette planche:

I. Avant la lettre. (Catalogues Basan et Franck.)

II. Avec la lettre et l'adresse d'Odieuvre. C'est celui que nous venons de décrire.

III. Avec l'adresse effacée.

170. ***Saïd Pacha Beglierbey de Roumely, Ambassadeur de la Porte Ottomane.***

1743.

Il est tourné vers la droite, la tête vue de trois quarts. Son corps est couvert d'une robe, par dessus laquelle tombe une espèce de palatine en fourrure. Dans un médaillon ovale posé sur un socle. On lit dans la marge supérieure, au milieu 1743: dans celle du bas, sur la face horizontale du socle, à gauche: *J. Aved. Pinx.*; à droite: *J. G. Will Sculp. Paris.*; et sur la face verticale, dans un cartouche: HIC EST. Très-rare.

Hauteur: 132 *millim. Largeur:* 79 *millim.*

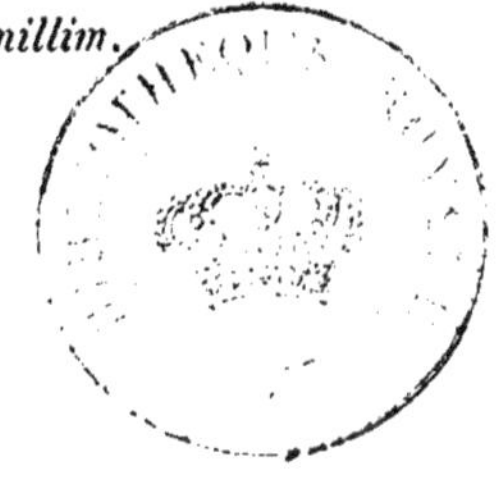

TABLES.

10

1ère Table.

ESTAMPES DE WILLE RANGÉES PAR ORDRE ALPHABÉTIQUE.

10

2ème Table.

ESTAMPES DE WILLE RANGÉES PAR ORDRE CHRONOLOGIQUE.

1738.

Les Rois de France, gravés pour Odieuvre.
Catinat pour la suite d'Odieuvre.
Le Prince d'Anhalt-Dessau — id.
Nicolas de Largillière — — id.
Elisabeth Augusta, Comtesse Palatine.
Marguerite Elisabeth de Largillière.

1739.

Cromwell: pour la suite d'Odieuvre.
Magdeleine de Scudéri: id.
Charles Gab. de Tubières de Caylus, Evêque d'Auxerre.

1740.

Le Comte de la Marche, depuis Duc d'Orléans.
Jean Baptiste Rousseau.

1741.

Wolff: pour la suite d'Odieuvre.
Charles Frédéric, margrave de Bade d'Urlach.
Claude de Saint-Simon.
Pierre Louis Moreau de Maupertuis.
Charles d'Orléans, Archevêque de Cambray.

1742.

C. E. Briseux.
Daniel le Chambrier.

1743.

Frédéric II, in-8°.
Jean Martin Preisler.
Le Maréchal de Belle-Isle.
Elisabeth de Gouy.

Pierre Boudou.
Saïd Pacha Beglierbey de Roumely.
Pierre 1er.

1744.

Le Maréchal de Villeroy.
Philippe V, Roi d'Espagne.
Charles Edouard.
Chicoyneau.
Joseph Parrocel.
Emmanuel Pinto.
Claude de Saint-Simon.

1745.

Alexandre Pope.
Marie Thérèse d'Espagne.
F. Berregard.
Charles Frédéric.
Tycho Hofman.
Le Maréchal de Saxe.
Antoine de Singlin.

1746.

Titre pour la bataille de Fontenoy.
Antoine François Prévost.

1747.

Louis XV, représenté à cheval.
Henri Liébaux.
François Quesnay.
Le même.
Marie Josephe de Saxe.
Claude Nicolas Le Cat.

1748.

Charles Théodore, Comte Palatin.
Louis XV, d'après Le Moyne.

Michel Manessier.
Charles, prince de Galles.

1749.

Woldemar de Loewendal.

1750.

Bernard Bélidor.

1751.

Charles d'Aumale.
Le Comte de Saint-Florentin.
Voltaire.

1753.

Reitres et Lansquenets.
Jean Louis de Balbis de Bertons de Crillon.

1754.

Le Cardinal Columna.
La Mort de Cléopâtre.

1755.

Jean Baptiste Massé.
La Dévideuse.

1756.

La Cuisinière hollandaise.

1757.

Frédéric II, in-fol°.
La Ménagère hollandaise.
La Tricoteuse hollandaise.

1758.

Jean de Boullongne.
La Gazetière hollandaise.

1761.

Abel François Poisson de Marigny.
Le petit Physicien.
La Liseuse.

1762.

Le jeune Joueur d'instrument.

1764.

Les Musiciens ambulans.

1765.

L'Instruction paternelle.

1766.

L'Observateur distrait.

1769.

Le Concert de Famille.

1770.

La bonne Femme de Normandie.

1771.

Les Offres réciproques.
La petite Ecolière.
La Maitresse d'Ecole.

1773.

Les bons Amis.

1774.

La soeur de la bonne Femme de Normandie.

1776.

Agar présentée à Abraham par Sara.
Le Repos de la Vierge.

1778.

La Mort de Marc Antoine.

1779.

Le Sapeur des Gardes suisses.

1780.

La Tante de Gérard Dow.

1781.

Les Délices maternelles.

1782.

Le Philosophe du temps passé.

1784.

Les Soins maternels.

1790.

Le Maréchal des Logis.

ESTAMPES NON DATÉES.

Le Christ.
Fonte de la Statue de Louis XV.
Cort Siversen Adeler, 1745?
Jacques de Chabanes.
Nerée Marie Corsini.
Frédéric II, in 4°.
De Garsault.
Henri Benoist, Duc d'Yorck.
Henri Benoist, Evêque de Bâle.
Lescalopier.
Louis, Dauphin de France.
Le Comte de la Marche.
De La Mothe-Houdancourt.
Le Cardinal de Tencin.
Le même Personnage.

3e Table.

SUJETS HISTORIQUES RANGÉS PAR ORDRE DE NUMÉRO DES PLANCHES.

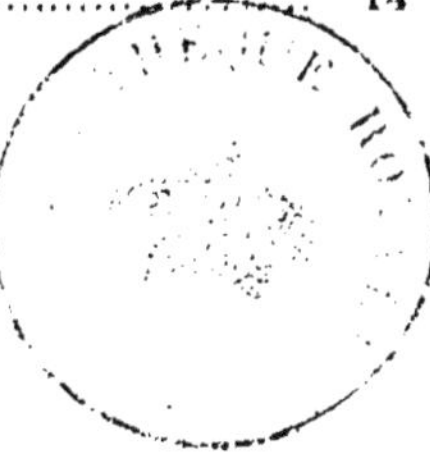

Additions.

4. *La Mort de Marc Antoine.*

On connaît quatre états de cette planche:
I. Avant la lettre et avant les armes. Très rare. Dans le milieu de la marge supérieure, on lit le nom *Will*, à rebours
II. Avant la lettre et avant les rayons dans les armes. Rare. Les armes sont gravées dans la marge inférieure mais elles ne sont pas entourées de rayons.
Les III et IV états sont ceux que nous avons décrits comme le I et le II.

115. *Michel Manessier.*

II. Les mots *Opus cedro dignum* ne sont pas encore gravés dans la marge supérieure.

118. *Nicolas de Catinat.*

On connaît trois états de cette planche:
III. Avec l'adresse d'Odieuvre effacée.

119. *François de Neufville, Duc de Villeroy.*

On connaît quatre états de cette planche:
III. Les lettres *Q. off* sont gravées au milieu de la marge inférieure, on en voit encore des traces dans l'état suivant, près du trait carré.
IV. C'est celui que nous avons décrit comme étant le III.

122. *Woldemar de Loewendal,*

I. Antérieur à ceux que nous avons décrits. Dans cet état le portrait est gravé seul et sans entourage; la tête, plus claire, n'est pas terminée (Collection Debure). Le 1er, 2e et 3e états que nous avons mentionnés deviennent le 2e, 3e et 4e.

149. *Charles Edouard, dit le Prétendant.*

Hauteur: 247 *millim. Largeur:* 180 *millim.*

Note. La vente de la troisième Partie du Catalogue de Me Ve Jean a eu lieu au mois de Novembre dernier. Les différentes planches de Wille dont nous avons fait mention dans le cours de cet Ouvrage s'y trouvaient réunies en un seul lot. Elles ont toutes été acquises par les Commis de Me Jean; ils se proposent de lui succéder comme Editeurs d'Estampes et publieront incessamment un Catalogue de leur fonds.

ERRATA.

Cet Ouvrage n'ayant pu être imprimé sous les yeux de l'Auteur, nous nous plaisons à espérer, des personnes qui le liront, un peu d'indulgence pour les fautes qui s'y trouvent. Nous nous contenterons d'indiquer ici les principales.

Pages.	Lignes.	Au lieu de:	Lisez:
9	10 et 11	bon écrit en entier bon	nom écrit en entier
-	21	sur pied 4. pouces de large	sur I pied 4. pouces ½ de large
10	25 et 26	Calligraphie	Calcographie
16	4	sur sa poitrine	sur la poitrine du brave Militaire
19	12	trente francs	douze francs
27	12	Dessine et Gravé par	*Dessiné et Gravé par*
40	11	Terbourg	Terburg
42	5	*au milieu*	au milieu
-	12	*Msr*	*Mgr*
-	18	vendaint	vendaient
47	15	quater francs	quatre francs
49	27	sont posée	sont posées
51	22	*Hauteur: millim. Largeur: millim.*	*Hauteur:* 228 *millim. Largeur:* 200 *millim.*
59	16 et 17	Cette phrase: *Dans la marge superieure, &a* doit être retranchée tout entière	
-	29 et 30	fonds Made	fonds de Made
61	10	en 4to	in 4o
70	1	Dagobert III	Dagobert II
83	9	un socle; dans le milieu	un socle, dans le milieu duquel
84	24	de ce prélat	de ce prelat, prononcée le 1er Decembre 1752, par l'Abbé Guerguil. Paris, 1753, in-4o.
91	15	L'oil	L'oeil
97	20	*Fortification*	*Fortifications*
98	30	un rideau, retombé	un rideau retombe
99	18	*Manufacture*	*Manufactures*
103	17	*celebre*	*célèbre*
106	24	*assujetir*	*assujettir*
109	19	*Londres,*	*Londres, Madrid*
112	4	*Chicoyneau.*	*Chicoyneau, Regis Archiater.*
130	21	*sous le trait carré, &a*	au milieu: *Peint p. L. Tocqué Profess. de l'Acad. de Peint: Roïl de Paris & y gravé p. J. G. Will en* 1745.
131	9	on lit comme dans le 1. et le 2e etats.	on lit

www.ingramcontent.com/pod-product-compliance
Ingram Content Group UK Ltd.
Pitfield, Milton Keynes, MK11 3LW, UK
UKHW020252180726
13839UKWH00001B/305